Daniela Steenkamp

Zur Entwicklung von amnesty international (ai) in der Bundesrepublik Deutschland

Daniela Steenkamp

Zur Entwicklung von amnesty international (ai) in der Bundesrepublik Deutschland

Tectum Verlag

Daniela Steenkamp

Zur Entwicklung von amnesty international (ai) in der Bundesrepublik Deutschland
ISBN: 978-3-8288-9487-7

Umschlagabbildung: Guido Steenkamp, www.zeitkonserven.de

Besuchen Sie uns im Internet
www.tectum-verlag.de

Bibliografische Informationen der Deutschen Nationalbibliothek
Die Deutsche Nationalbibliothek verzeichnet diese Publikation in der Deutschen Nationalbibliografie; detaillierte bibliografische Angaben sind im Internet über http://dnb.ddb.de abrufbar.

Inhaltsverzeichnis

1. Einleitung

amnesty international (ai), 1961 gegründet, gilt heute als eine der bekanntesten nicht-staatlichen Organisationen weltweit. Ursprünglich als eine auf ein Jahr angelegte Kampagne („appeal for amnesty") für gewaltlose politische Gefangene hat sie sich zu einer umfassenden Menschenrechtsorganisation entwickelt, die sich als die Hüterin der Menschenrechte und damit gleichwohl als gesellschaftliche Ethikinstanz versteht. Die Entwicklung von ai symbolisiert die Zunahme an signifikanter gesellschaftspolitischer Relevanz, die Nichtregierungsorganisationen in den letzten Jahren erlangt haben. Als freiwillige, private, staats, partei- und wirtschaftsunabhängige Vereinigungen vertreten Nichtregierungsorganisationen „advokatisch" gesellschaftlich und politisch vernachlässigte Interessen. Insofern haben sie Anteil an der Definition gesellschaftlicher Probleme, können Problembewusstsein schärfen und Einfluss auf die politische Agenda nehmen (Hirsch 1999, S. 11). Gleichwohl existiert international als auch national keine umfassende wissenschaftliche Begleitforschung zum Grad der gesellschaftspolitischen Mobilisierung durch einzelne Nichtregierungsorganisationen. Die Mehrzahl der Studien, die sich hiermit befassen, konzentrieren sich auf die staatliche und internationale Ebene. Vernachlässigt werden die Aktivitäten, die sich auf die gesellschaftliche Ebene richten (Take 2002, S. 58). Dies lässt sich partiell mit der schwierigen Operationalisierung einzelner Mobilisierungsindikatoren erklären: „Die Frage nach dem Erfolg bringt ai-Mitarbeiter des öfteren in Verlegenheit, denn Voraussetzung für eine fundierte Antwort ist die Messbarkeit von Erfolg. Für diesen gibt es jedoch keinen zuverlässigen Maßstab" (Claudius, Stepan 1976, S. 280). Zudem haben sich Nichtregierungsorganisationen erst in den letzten zehn Jahren, bedingt durch die Möglichkeit und Verbreitung der elektronischen Datenverarbeitung, so weit organisiert und professionalisiert, dass von ihnen umfassende statistische Daten erhoben und archiviert werden, die für die Einschätzung der Mobilisierung von Bedeutung sind.

Dies gilt auch für die deutsche Sektion von ai. Als erste europäische Sektion außerhalb Großbritanniens bereits 1961 gegründet, gilt ai laut des 7. Trust-Barometers 2006 des PR-Netzwerks Edelmann bei den deutschen „Meinungsführern" („opinion leaders") mit 79% als die „vertrauenswürdigste Marke" in Deutschland (Edelman Trust Barometer 2006, S. 13). Vor diesem Hintergrund erstaunen Untersuchungsergebnisse aus den Jahren 2002 und 2003 der Universität Leipzig zur „Einstellung der Deutschen zu Menschenrechten", nach denen die Befragten durchschnittlich weniger als drei der 30 Artikel der Allgemeinen Erklärung der Menschenrechte kannten (Sommer, Stellmacher, Brähler 2005, S. 58). Eine Forsa Umfrage aus dem Jahr 2003, nach der zwei Drittel der deutschen Bevölkerung Folter unter bestimmten Umständen für angemessen halten, zeigt, dass ungeachtet der hohen Vertrauenswürdigkeit, die ai in Deutschland genießt, eine zentrale Position, für die ai steht, gesamtgesellschaftlich nicht implementiert zu sein scheint (Faz.NET 26.02.2003).

Diese Beobachtungen geben Anlass zu der Annahme, dass eine erkennbare Diskrepanz zwischen dem positiven Image der Organisation und dem von ihr angestrebten gesellschaftspolitischen Mobilisierungsgrad existiert. Deshalb wird in dieser Arbeit das gesellschaftspolitische Mobilisierungspotential der Nichtregierungsorganisation ai in der Bundesrepublik Deutschland problematisiert.[1]

Unter gesellschaftspolitischer Mobilisierung wird die Einwirkung auf essentielle Bereiche der gesellschaftspolitischen Sphäre verstanden. Hierzu gehört die Einwirkung auf die öffentliche Meinung, die Medien und das gesellschaftsethische Wertesystem, und auf die soziale und politische Kultur, also auf die allgemeine nationale Stimmungslage, die dann wieder auf die Verhaltensweise der primären Träger der politischen Willensbildung zurückwirkt (Mayer-Tasch 1990, S. 176). Mayer-Tasch weist damit auf die zentrale Einwirkungssphäre, die „öffentliche Meinung" hin, die zivilgesellschaftlichen Akteuren im sozialwissenschaftlichen Diskurs um die Rolle der Zivilgesellschaft seit Antonio Gramsci zugesprochen wird.[2]

Auch Jürgen Habermas hat 1992 in seinen Überlegungen zur Diskurstheorie des demokratischen Rechtsstaats das bedeutende Potential von zivilgesellschaftlichen Akteuren herausgehoben, das in ihrer Fähigkeit zur Mobilisierung der Öffentlichkeit läge (Habermas 1992, S. 435 ff.).

---

1 Aufgrund des begrenzten Rahmens dieser Arbeit beschränkt sich die Untersuchung auf die Entwicklung von ai in der Bundesrepublik Deutschland. Mit der Entwicklung von ai im deutschdeutschen Kontext befasst sich die Dissertation „amnesty international in der DDR" von Anja Mihr aus dem Jahr 2001 (vgl. Mihr 2002).

2 Antonio Gramsci (1891-1937) beschäftigte sich mit dem Scheitern der sozialistischen Revolutionen im Westen und fand die Erklärung in seinem Konzept des integralen Staates. Der integrale Staat beinhaltet nicht nur die Institutionen der klassisch-bürokratischen Staatsmaschinerie, die das Gewaltmonpol des Staates ausführt, sondern auch die Zivilgesellschaft, verstanden als Gesamtheit aller nichtstaatlichen Organisationen, die auf die öffentliche Meinung Einfluss haben (Borg 2001, S. 19).

1.1. Untersuchungsvorgehen

Die Habermasche Annahme des Mobilisierungspotentials von Nichtregierungsorganisationen dient als Ausgangspunkt für die Frage, inwieweit sich diese am Beispiel der Nichtregierungsorganisation ai in der Bundesrepublik Deutschland verifizieren lässt und ai eine öffentlichkeitsmobilisierende Funktion zugesprochen werden kann. In einem theoretischen Rückgriff auf die Überlegungen von Jürgen Habermas zur Rolle zivilgesellschaftlicher Akteure werden zunächst deren Funktionen und die Mobilisierungsthese erörtert. Es wird angenommen, dass sich ai in der Bundesrepublik Deutschland zu einem gesellschaftspolitischen Akteur entwickelt hat, dem es gelungen ist, außerhalb der Strukturen einer „vermachteten politischen Öffentlichkeit" demokratische Eliten zu mobilisieren, die Reichweite der Mobilisierung jedoch weitgehend auf diese beschränkt bleibt (vgl. ebd., S. 438).

Um diese Hypothese zu prüfen, wird nach der einleitenden Darstellung des Akteurs im dritten Teil der Arbeit die organisationsinterne Entwicklung der deutschen Sektion von ai untersucht. Davon ausgehend, dass eine Voraussetzung für die Zuschreibung als „gesellschaftspolitischer Akteur" die Fähigkeit zur gesellschaftspolitischen Mobilisierung ist, liegt das Hauptaugenmerk auf der Herausbildung spezifischer Ressourcen, an denen das Mobilisierungspotential nachvollzogen werden kann. Die Ressourcen, von denen das Mobilisierungspotential abhängt, können in wissensbasierte, moralische, personelle, finanzielle und medien- und öffentlichkeitsbezogene Ressourcen sowie den Zugang zu politischen Entscheidungsforen und die Fähigkeit zur Allianzbildung differenziert werden (Take 2002, S. 63). Der Schwerpunkt liegt auf den öffentlichkeitsbezogenen Ressourcen. Die Analyse der organisationsinternen Entwicklung soll einerseits Aufschluss darüber geben, inwiefern es ai gelungen ist, die entsprechenden Ressourcen zu mobilisieren und sich andererseits ein elitäres Organisationsselbstverständnis erkennen und als „strategisches Element" erklären lässt.

In einem weiteren Schritt wird die Frage, inwieweit ai die Öffentlichkeit insgesamt oder bestimmte gesellschaftliche Gruppen mobilisiert, zugespitzt. Ziel soll sein, die Reichweite des gesellschaftspolitischen Mobilisierungspotentials von ai auszuloten und die gesellschaftliche Implementierung zentraler Positionen wie beispielsweise das absolute Folterverbot, die ai vertritt, zu problematisieren. Methodisch wird dazu auf Ergebnisse öffentlicher Meinungsumfragen zurückgegriffen. Zwei Aspekte sind für die Auswahl der herangezogenen Befragungsergebnisse entscheidend gewesen: die unmittelbare Verknüpfung mit ai oder ein direkter Zusammenhang hinsichtlich der Einstellung zu Menschenrechten. Dabei handelt es sich u.a. neben den bereits erwähnten Untersuchungsergebnissen des PR-Netzwerks Edelman und den Studien der Universität Leipzig zur Einstellung der Deutschen zu den Menschenrechten auch um Untersuchungsergebnisse der Kandidatenumfrage zur Bundestagswahl 2002 durch das Mannheimer Zentrum für Europäische Sozialforschung (MZES) zur Achtung der Menschenrechte in der Bundesrepublik Deutschland (MZES 2002, Kandidatenumfrage zur Bundestagswahl). Zudem wurden die Untersuchungsergebnisse der 13. und 14. Shell-Studie von 1997 und 2002 zur Sichtweise von ai bei Jugendlichen und die Forsa-Umfragen zum absoluten Folterverbot von 2003 und 2004 herangezogen (FAZ.NET 26.02.2003; Stern, 18.05. 2004).[3] Auch Ergebnisse der Emnid-Spendenmonitore von 1998 und 2001 sind mit in die Arbeit eingeflossen.[4]

1.2. Ziele und Grenzen der Untersuchung

Es lässt sich im Rahmen dieser Arbeit keine umfassende Analyse der Wirksamkeit von Mobilisierungsmaßnahmen durch ai leisten. Hierzu wäre eine umfassende Untersuchung empirisch nachweisbarer Einstellungsänderungen, Wissensänderungen und Verhaltensänderungen bei bestimmten Personengruppen vonnöten (Bentele, S. 58). Deswegen verfolgt die vorliegende Arbeit nicht den Anspruch, die Frage nach der Wirksamkeit der gesellschaftspolitischen Mobilisierung durch ai in der Bundesrepublik Deutschland zu beantworten. Auch lässt sich keine Bewertung hinsichtlich des Mobilisierungsgrades vornehmen. Hierzu wäre ein analytischer Vergleich mit anderen Nichtregierungsorganisationen unerlässlich. Ziele sind vielmehr, die Entwicklung der deutschen Sektion von ai nachzuvollziehen, mögliche Gründe der Diskrepanz zwischen dem Image von ai und dem gesellschaftspolitischen Mobilisierungsgrad zu diskutieren und dabei zu erfragen, inwiefern ein organisationsinternes elitäres Selbstverständnis gezielte Handlungsstrategien der thematischen und auch personellen „strategischen Ausgrenzung" erzeugte.

---

3 vgl. Jugendwerk der deutschen Shell 1997: Jugend 97; Deutsche Shell 2002: Jugend 2002.

4 vgl. Deutscher Fundraisingverband: Emnid-Spendenmonitor 1998; TNS-Emnid-Spendenmonitor 2001.

1.3. Methodische Aspekte

Sowohl das Thema Menschenrechte als auch die deutsche Sektion von ai sind bis Ende der 1980er Jahre kaum ein Untersuchungsgegenstand repräsentativer Meinungsumfragen gewesen. Auch stellt sich beim Rückgriff auf Meinungsumfragen immer die Frage nach der Glaubwürdigkeit und dem repräsentativen Charakter der Ergebnisse.

2. amnesty international als „zivilgesellschaftlicher Akteur"

Die sozialwissenschaftliche Forschung hat in den letzten zehn Jahren in bezug auf Nichtregierungsorganisationen (NGOs) einen beträchtlichen Aufschwung erfahren.[5] Die Beiträge der sozialwissenschaftlichen Anteilsdisziplinen sind jedoch von stark divergierenden Erkenntnisinteressen geprägt (Frantz 2002, S. 52).[6] Bis heute hat sich keine einheitliche begriffliche Deskription dessen herausgebildet, was unter organisierten Interessen verstanden werden kann. Während sich Interessen aus dem ökonomischen Bereich oft als Verband oder Gewerkschaft bezeichnen, verwenden in anderen Bereichen angesiedelte Organisationen den Begriff „Verein". Nebeneinander existieren für den Begriff organisierte Interessen die Begriffe Interessengruppen-oder Verbände, oder interest group, pressure group und lobby (Sebald, Straßner 2004, S. 19). Der Begriff „NGO" bündelt diese Begriffe mit dem besonderen Hinweis auf den transstaatlichen Charakter und kann definiert werden als „formalisierter, auf Dauer angelegter Zusammenschluss von Personen, die sich im öffentlichen Raum, aber ohne staatlichen Auftrag und ohne Anspruch auf unmittelbare Teilhabe an der staatlichen Macht, über nationalstaatliche Grenzen hinweg für die Belange von Nichtmitgliedern einsetzen, deren Belange sich strukturell von der Lebenslage der Organisationsmitglieder unterscheiden" (Heins 2002, S. 46). ai ist nach dieser Definition eine klassische NGO. ai wird oft auch als „zivilgesellschaftlicher Akteur" bezeichnet. Unter Zivilgesellschaft wird „die Sphäre kollektiven Handelns und öffentlicher Dis-

5 NGO steht für die englische Bezeichnung „non-governmental Organisation" (Nohlen 1998, S. 325).

6 Die Politikfeldforschung interessiert sich für NGOs vorrangig als Akteure, die Funktionen wie Agenda Setting, Interessenaggregation und Implementierung im Politikprozeß übernehmen. Die Demokratietheorie legt den Interessenschwerpunkt auf NGOs als Akteure und Impulsgeber transnationaler Zivilgesellschaft und fragt nach ihrer Legitimation. Die Bewegungsforschung setzt dagegen stärker bei NGOs als Organisationskerne auf dem politischen Beteiligungsmarkt an und verortet NGOs als Mittlerorganisationen zwischen Bürgern, sozialen Bewegungen, Staat und internationalen Organisationen. Die Partizipationsforschung interessiert sich für NGOs als medienwirksame Mobilisierungsressource und als Anbieter unkonventioneller politischer Beteiligung. Die Dritter- Sektor- Forschung setzt bei NGOs als Mittler und Dienstleister an (Frantz 2002, S. 53).

kurse" verstanden, die zwischen Staat und Privatbereich wirksam ist" (Nohlen 2001, S. 593).

Darüber hinaus bezeichnet die politische Wissenschaft mit „Zivilgesellschaft" auch eine spezifische Form politischer Kultur, in der unterschiedliche Akteure aus Staat, Markt, bürgerlicher Öffentlichkeit und bürgerlicher Privatheit in einem ausgewogenen Verhältnis zueinander agieren. Als Akteure werden in der Soziologie im weitesten Sinne alle Sozial Handelnden betrachtet. In der Politischen Wissenschaft werden unter Akteuren an politischen Entscheidungen beteiligte Personen oder Organisationen verstanden. Hierzu zählen neben den Vertretern der politischen Parteien und der Regierungen auch NGOs oder Firmen (Schubert; Klein 2003, S. 25). Eine sich durch ein ausgewogenes Akteursverhältnis auszeichnende zivilgesellschaftliche Balance entspricht der idealen Vorstellung einer demokratischen, diskutierenden und partizipierenden Bürgergesellschaft.

Jürgen Habermas hat diese idealtypische Vorstellung 1992 in seinem Werk „Faktizität und Geltung" aufgegriffen. Darin beschreibt er die zivilgesellschaftliche Sphäre als ein Elaborat aus Vereinigungen, Organisationen und Bewegungen, deren institutionellen Kern nichtstaatliche und nicht-ökonomische Zusammenschlüsse auf freiwilliger Basis bildeten (Habermas 1992, S. 443). Auf diese Weise unterscheidet er die zivilgesellschaftliche Sphäre vom Markt und der öffentlichen Administration und betrachtet als Bindeglied zwischen den beiden die politische Öffentlichkeit in Form einer Kommunikationsstruktur, die über ihre zivilrechtliche Basis in der Lebenswelt verwurzelt sei (ebd., S. 435).

Öffentlichkeit entstehe durch die Kommunikation von Akteuren, die aus ihren privaten Lebenskreisen heraustäten, um sich über Angelegenheiten von allgemeinem Interesse zu verständigen (Peters 1994, S. 45). Dabei bilde sich der Kern der Zivilgesellschaft heraus. Habermas bezeichnet ai in diesem Kontext als einen bekannten zivilgesellschaftlichen Akteur (Habermas 1992, S. 440). Das wesentliche Funktionsmerkmal eines zivilgesellschaftlichen Akteurs sei die Interessenvertretung in der politischen Öffentlichkeit.[7] Im Vergleich mit den beiden Sphären Staat und Markt schreibt Habermas zivilgesellschaftlichen Akteuren eine größere Sensibilität für die Wahrneh-

---

7 Die Möglichkeit dazu ist in der Bundesrepublik Deutschland durch die Grundgesetzartikel Meinungsfreiheit (GG Art. 5), Versammlungsfreiheit (GG Art. 8) und Vereinigungsfreiheit (GG Art. 9) rechtlich legitimiert und weist auf die verfassungsrechtliche Intention eines lebendigen Interessenpluralismus hin.

mung und Identifizierung neuer Problemlagen zu, da die Kommunikationsstrukturen der Öffentlichkeit mehr mit den privaten Lebensbereichen verknüpft seien. Er führt als Argument an, dass aktuelle Themen von gesellschaftspolitischer Relevanz selten von den Exponenten des Staatsapparates aufgebracht würden. Carola Stern, eines der Gründungsmitglieder der deutschen Sektion von ai, bestätigt, dass das Wort „Menschenrechte“ in der Bundesrepublik Deutschland zur Gründungszeit von ai nicht zum deutschen Sprachgebrauch gehört hätte: „Ich kann mich nicht erinnern, dass ich während der ganzen 1950er Jahre jemals von der Menschenrechtserklärung der Vereinten Nationen von 1948 auch nur gehört hätte. Die ist bis in die BRD nicht vorgedrungen, auch nicht nach Westberlin. Ich habe dort Kreisen von Linksintellektuellen angehört, aber dass jemals von der Erklärung der Menschenrechte gesprochen worden wäre, habe ich niemals erlebt. ai hatte keine historischen Vorbilder, wenn ich das richtig sehe“ (Deile, Stern 2001, S. 1).

Christoph Strässer, menschenrechtspolitischer Sprecher der SPD-Bundestagsfraktion, macht auch heute ein Wahrnehmungsdefizit bei den Exponenten des Staatsapparates aus: „Die Tatsache, dass heute in Deutschland Menschenrechtsverletzungen in Ländern, von denen viele gar nicht wissen, dass es sie gibt, diskutiert werden, ist sicherlich ein Verdienst der Entwicklung von ai und des Aufbaus ihrer Strukturen in ganz unterschiedlichen Bereichen. Und ich glaube, das wird auch noch weiter zunehmen. Dann gerade auch, wenn Politik eben bestimmte Dinge nicht wahrnimmt“ (Strässer 12.05.2006, S. 2).[8]

Im politischen Prozess allerdings erhält die Zivilgesellschaft bei Habermas eine periphere Stellung. Gewissermaßen stellt sie einen vorpolitischen Raum dar, in dem sich Interessen artikulieren und politische Willensbildung außerhalb des verstaatlichten öffentlichen Raumes stattfindet. Infolgedessen erscheinen als die zentralen politischen Akteure das Parlament und die Parteien, die einerseits Impulse autonomer, zivilgesellschaftlicher Öffentlichkeit aufgreifen, und die politische Administration, die für die Entscheidungsimplementierung verantwortlich sind (Habermas 1992, S. 449).

Völlig außer acht lässt Habermas eine kritische Bewertung von NGOs. Die Diskussion, ob NGOs als antagonistisch zum Staat stehende „zivilgesellschaftliche" Organisationen oder als Teile eines „politischen Herrschafts- und Regulationskomplexes" begriffen werden könnten, wie dies beispielsweise Joachim Hirsch in Anlehnung

8 Zitat einem Interview mit der Autorin vom 12.05.2006 entnommen.

an Gramscis erweitertes Staatskonzept vermutet, greift er nicht auf (Hirsch 2001, S.15). Hirsch weist darauf hin, dass Zivilgesellschaft „kein herrschaftsfreier Raum sei", sondern ein Gegenstand staatlicher Eingriffe und sich in ihm gesellschaftliche Macht- und Abhängigkeitsverhältnisse manifestieren würden. Insofern stelle Zivilgesellschaft den „politisch-ideologischen Kampfplatz" dar, auf dem „Hegemonie", also der Konsens für bestehende oder auch alternative Ordnungen erzeugt werde (ebd., S.19). Damit widerspricht er der Annahme, Zivilgesellschaft wäre ein intendiertes Gegenkonzept zu negativ konnotierten politischen Gemeinschaften wie Staaten oder Parteien und könnte als Alternative zu Staatlichkeit betrachtet werden. Zivilgesellschaft sei vielmehr integraler Teil von Staatlichkeit und strebe bestenfalls die Korrektur bestimmter Politikstrategien an. Sie ersetze Staatlichkeit nicht, sie ergänze und modifiziere sie (Walzer 1995, S.63).[9]

2.1. Zur Mobilisierung der Öffentlichkeit durch zivilgesellschaftliche Akteure (J. Habermas)

Entscheidend für Habermas ist das besondere Potential von zivilgesellschaftlichen Akteuren, das er in deren Fähigkeit zur Mobilisierung der Öffentlichkeit identifiziert. Ihre zentrale Funktion bestehe darin, die gesellschaftlichen Problemlagen des privaten Lebensbereiches zu finden, aufzunehmen, zu kondensieren und „lautverstärkend" an die Öffentlichkeit weiterzuleiten (Habermas 1992, S. 443).

---

9 Vollends mit einem kritischen Zivilgesellschaftsbegriff bricht der Global Governance Diskurs, der z.Zt. in der politischen Wissenschaft Konjunktur hat. Im Global Governance-Diskurs wird die zentrale Funktion der NGOs vor allem in der Entlastung staatlicher Politik gesehen, die dadurch wieder handlungsfähiger würde. Dahinter verbirgt sich ein technokratisches Verständnis von Zivilgesellschaft, die ein aus institutionalisierten Strukturen bestehendes Konstrukt ist. Entscheidend ist, welche Leistung sie für das politische System erbringen kann. Zivilgesellschaftliche Artikulationsformen werden im Global Governance Diskurs als grundsätzlich vereinbar mit den staatlichen Steuerungsansprüchen gesehen. Damit wird einer top-down-Vorstellung von Politik gefolgt. Die Basis ist ein funktionalistisch verkürzter Demokratiebegriff, der Partizipation auf die Mitgestaltung der gesellschaftlichen Verhältnisse innerhalb der vorgefundenen Strukturen von Staat, repräsentativer Demokratie und Markt begrenzt. Emanzipation oder größtmögliche gesellschaftliche Einflussnahme stehen nicht im Blickpunkt derartiger Überlegungen zur Zivilgesellschaft, sondern deren Rolle als ökonomische und politische Effizienzressource und als außerökonomische Produktivkraft (vgl. Scherrer 2001, S. 33-39).

Da die Begriffskategorie „Öffentlichkeit" bei Habermas zentral ist, spricht er öffentlichen Meinungen einen hohen Stellenwert zu: „Öffentliche Meinungen stellen Einflusspotentiale dar, die für Einflussnahmen auf das Wahlverhalten der Bürger oder auf die Willensbildung in parlamentarischen Körperschaften, Regierungen und Gerichten genutzt werden können" (ebd., S. 439). Zivilgesellschaftliche Akteure würden vor allem in Krisensituationen eine aktive und folgenreiche Rolle übernehmen und in den „kritischen Augenblicken der beschleunigten Geschichte" die Chance erhalten, die konventionell eingespielten Kommunikationskreisläufe der Öffentlichkeit umzustülpen und damit zum „Problemlösungsmodus des ganzen Systems" verändernd beitragen (ebd., S. 460). Im Widerspruch dazu äußert er an anderer Stelle, dass die Gruppierungen der Zivilgesellschaft zwar problemsensitiv seien, aber die Signale, die sie aussenden würden, zu schwach wären, um im politischen Prozess kurzfristig Lernprozesse anzustoßen oder Entscheidungsprozesse umzusteuern (ebd., S. 451). Den Einfluss von zivilgesellschaftlichen Akteuren sieht Habermas hier wieder sehr beschränkt. An anderer Stelle führt er aus, der Einfluss von NGOs sei auf den medienpolitischen Einfluss begrenzt. Damit ihre Ziele in kommunikative Macht münden und somit in legitime Rechtsetzung eingehen können, müssten erst „die Filter der institutionalisierten Verfahren demokratischer Meinungs- -und Willensbildung durchlaufen werden" (ebd., S. 449). Damit unterscheidet Habermas eindeutig den Einfluss- vom Machtbegriff und grenzt beide Begriffe eindeutig voneinander ab. Anknüpfend an die Habermasche These der Mobilisierung der Öffentlichkeit stellt sich die Frage, welche konkreten Strategien und Zugänge NGOs hierfür nutzen. Brunnengräber hat zu diesem Zweck NGOs in verschiedene *„Sprechertypen"* unterschieden: die *„Advokaten"*, die *„Helden"* und die *„Experten"*. *„Advokaten"* würden sich in der Öffentlichkeit als Anwalt der Betroffenen repräsentieren, über moralisch-ethische Begründungen den Medienzugang nutzen und die Öffentlichkeit mit Informationen versorgen. Die *„Helden"* als „Stellvertreter des medialen Publikums" agierten über Aktionen, sog. *„Schlagbilder"*, mithilfe der Inszenierung von Protest. Die *„Experten"* würden NGOs als Delegierte einer Organisation durch fachliche Expertise, d.h. Studien, Gutachten und Policy-Papers vertreten (Brunnengräber 1997, S. 14). Vermutlich lässt sich ai nicht eindeutig einer dieser Typen zuordnen, da die Organisation alle drei Strategien nutzt, mit einer stärkeren Gewichtung der Experten- und dadurch legitimierten Advokatenrolle. Eine alleinige Analyse der Sprechertypen würde zu kurz greifen, um die Frage nach dem Grad der gesellschaftspolitischen Mobilisierung eines zivilgesellschaftlichen Akteurs zu verstehen. Diese Fragestellung muss zusätzlich in den Kontext der Funktionen gesetzt werden, die NGOs als Akteure übernehmen.

2.2. NGO-spezifische Funktionen und Mobilisierungsressourcen

NGOs als „Interessenvertreter" kommen neben der Bündelung von Interessen verschiedene Funktionen zu. Sie schaffen eine Plattform für Partikularinteressen und vernachlässigte Themen, die im gesamtpolitischen Kontext des Interessensausgleichs nicht zum Zuge kommen.

Darüber hinaus übernehmen NGOs die Funktion, das in Sachzwänge gefangene politische System mit Utopien zu konfrontieren und darauf hinzuwirken, die Systemlogik auf ihre Problemadäquanz, auf Zukunftsfähigkeit und auf mögliche Veränderungsimpulse hin zu überprüfen (Messner 1999, S. 21). Um diese Ziele erfüllen zu können, nutzen NGOs spezifische Handlungsstrategien. In der sozialwissenschaftlichen Forschung zu NGOs werden drei zentrale Aufgaben benannt, deren Erfüllung durch NGO-spezifische Ressourcen geleistet wird und auf die sich ihre Anerkennung primär gründet: das Agenda Setting, die Bereitstellung von Betroffenen- und Expertenwissen und die Information und Aufklärung der Öffentlichkeit (Take 2002, S. 62).[10]

Der Strategie der öffentlichen Druckerzeugung durch die Mobilisierung der Öffentlichkeit und deren Beeinflussung kommt eine hohe Bedeutung zu. Bereits 1961 hatte der Gründer von ai, Peter Benenson, darauf hingewiesen, dass es wichtig sei, die öffentliche Meinung rasch und auf breiter Basis zu mobilisieren. Damit die öffentliche Meinung einen wirksamen Druck ausüben könne, solle sie eine breite Grundlage haben und international, unparteiisch und konfessionslos sein (Brieskorn 1988, S. 36). 1962 hieß es entsprechend im Handbuch für die Mitglieder des Internationalen Sekretariates in London: „ai-members create mass pressure worldwide and take practical, effective action" (ai 1962, S. 15). Die Handbücher von ai, die als Orientierungsrahmen für die Mitgliedschaft dienen, zeigen die besondere Bedeutung der Öffentlichkeitsarbeit. Im Handbuch

10 Der politikwissenschaftliche Fachbegriff „Agenda Setting" meint die Phase gesellschaftspolitischer Entscheidungsprozesse, in der über die Frage entschieden wird, welche Probleme thematisiert und der politischen Bearbeitung zugewiesen werden (Holtmann 2000, S. 6).

„Gruppenarbeit" der deutschen Sektion wird die Öffentlichkeitsarbeit „als das wichtigste Druckmittel" beschrieben, das ai einsetzen kann: „Eine systematische Öffentlichkeitsarbeit muss deshalb fester Bestandteil jeder Gruppe sein" (ai 1994, S. 120).

ai hat also bereits in den 1960er Jahren erkannt, dass ein elementares Instrument die Mobilisierung der Öffentlichkeit sein würde, um eigenen Interessen durchzusetzen. In der Literatur zu NGOs wird vielfach argumentiert, dass am erreichten Mobilisierungsgrad der Öffentlichkeit die Bedeutung von NGOs gemessen werden könnte. Auf je mehr Ressourcen eine NGO dabei zurückgreifen kann, um so besser wird es ihr gelingen, diese Aufgaben zu erfüllen: „the success of movements depends on the effective mobilization of ressources" (Breyman 1993, S. 127). Die Ressourcen, von denen der erreichbare Einflussgrad abhängt, können nach Take in „wissensbasierte Ressourcen", „moralische Ressourcen", „personelle Ressourcen", „finanzielle Ressourcen", den „Zugang zu politischen Entscheidungsforen" und die „Fähigkeit zur Allianzbildung" differenziert werden (Take 2002, S. 63; vgl. auch Rothgang 1990, S. 70-89). Betrachtet man diese Ressourcen, bleibt offen, worunter die medien- und publizistischen Ressourcen zu subsumieren sind. Als „Transportband", über das NGOs ihre Informationen und Aktionen befördern, sind die medienbezogenen Ressourcen eine maßgebliche Einflussgröße geworden. Je mehr dieser Ressourcen, die gewissermaßen das Rückgrat der Organisation darstellen, eine NGO bilden könne, umso stärker würde es ihr gelingen, gesellschaftspolitische Mobilisierung auszuüben: „whatever the various and dynamic patterns of social control and political oppurtunity that condition a movement`s sociopolitical context, an analysis focused on ressources can serve a starting point for the explanation of the outcomes of movement action" (Breyman 1993, S.128).

2.2.1. Wissensbasierte Ressourcen

Zu den wissensbasierten Ressourcen zählen die Bereitstellung von fachlichen Expertisen und authentischen Erfahrungsberichten Betroffener. Daraus schöpfen NGOs ihre Fähigkeit, Probleme und Problemkontexte zu identifizieren und Problemlösungsstrategien zu entwickeln.

Über die wissensbasierten Ressourcen verschaffen sich NGOs in der Öffentlichkeit und bei politischen Entscheidungsträgern einen gewissen Grad an Akzeptanz. Die Bereitstellung von Expertise gilt daher als eine der wichtigsten Ressourcen von NGOs. Die Seriosität und Glaubwürdigkeit von Informationen sind in diesem Kontext von herausragender Bedeutung (Take 2002, S. 64). Bereits Ernst B. Haas hat 1990 darauf verwiesen, dass gesellschaftliche Akteure einen Einfluss durch die Bereitstellung von Wissen erreichen könnten. Sofern es ihnen gelänge, politisch dringend benötigte oder qualitativ hochwertige Informationen zu liefern und diese mit eigenen Anliegen zu koppeln, bestünden realistische Chancen, den Entscheidungsprozeß beeinflussen zu können (Haas 1990, S. 4).

2.2.2. Personelle Ressourcen

Zu den personellen Ressourcen zählen die Mitwirkung von ehrenamtlichen Mitarbeitern und Sympathisanten sowie das Engagement und die Fähigkeiten der festangestellten Mitarbeiter.[11] Die Mitwirkung von freiwilligen Mitarbeitern und Sympathisanten stellt nicht nur einen hohen materiellen Wert dar, sondern fungiert gleichzeitig auch als Bindeglied zwischen NGO und Gesellschaft. Die hohe Identifikation und Motivation der ehrenamtlichen Mitarbeiter, die auf einem gemeinsamen Weltbild, einer Überzeugung und einer kongruenten Zielsetzung basiert, bilden eine gewichtige Ressource der Legitimation (Take 2002, S. 66).

2.2.3. Finanzielle Ressourcen

Die finanziellen Ressourcen, also Mitgliedsbeiträge, Spenden, Stiftungsmittel und öffentliche Mittel, sind entscheidend für den Organisationsgrad- und die Organisationsfähigkeit. Die Finanzen bestimmen über Handlungsoptionen einer NGO, die Anzahl der festangestellten Fachkräfte und ihre Formen der Öffentlichkeitsarbeit. Sie entscheiden auch über die langfristige Kalkulierbarkeit, Nachhaltigkeit und Verbindlichkeit des Handelns von NGOs. Deswegen ist bei NGOs der Trend zu beobachten, „dass sie immer ausgefeiltere Instrumente und Methoden entwickeln, um Unterstützer langfristig an sich zu binden" (ebd., S. 66).

2.2.4. Medienbezogene Ressourcen

Unter medienbezogenen Ressourcen wird der Professionalisierungsgrad der Presse- und Öffentlichkeitsarbeit verstanden. NGOs orientieren sich an den Strukturen der Medienöffentlichkeit und nutzen

---

11 Dabei muss es sich nicht zwangsläufig um eine Mitgliederorganisation handeln. Human Rights Watch ist beispielsweise keine Mitgliederorganisation, aber dennoch als bedeutsame Organisation anerkannt.

Strategien der Information und Aufklärung, um die Öffentlichkeit zu mobilisieren. Dabei ist entscheidend, auf welche Ressourcen sie zurückgreifen können. Beispiele hierfür sind der Grad der Institutionalisierung der Öffentlichkeitsarbeit und die Akzeptanz in den Medien als „Informant" (ebd., S. 66).

2.2.5. Zugang zu politischen Verhandlungsforen, Entscheidungsträgern und die Fähigkeit zur Allianzbildung

Der Zugang zu politischen Verhandlungsforen und Entscheidungsträgern ist eine weitere wichtige Ressource von NGOs. Voraussetzungen für den Zugang sind die glaubwürdige Repräsentanz eines Anliegens und ein damit verbundener Kompetenznachweis für das Sachgebiet. Die Fähigkeit zur Allianzbildung kann ebenfalls als Ressource bezeichnet werden (ebd., S. 67).

2.2.6. Moralische Ressourcen

Die moralischen Ressourcen sind gekennzeichnet durch den Grad der Akzeptanz in der öffentlichen Meinung und die Definitionsmacht hinsichtlich von Problemstellungen- und Lösungen, um die NGOs im öffentlichen Diskurs kämpfen. Die öffentliche Meinung kann hierbei als Ressource betrachtet werden, die den Grad der Definitionsmacht anzeigt. Weitere wichtige Indikatoren sind der Bekanntheitsgrad und das „Image" einer Organisation (ebd., S. 65).

2.3. Zwischenergebnis

Jürgen Habermas spricht den zivilgesellschaftlichen Akteuren eine tragende Rolle in öffentlichen Kommunikationskreisläufen zu, fragt nach ihren Einflussmöglichkeiten und sieht ihr besonderes Potential in ihrer Fähigkeit, die Öffentlichkeit zu mobilisieren. Neben der öffentlichkeitsmobilisierenden Funktion, die zivilgesellschaftliche Akteure im Politikprozess übernähmen, hätten sie darüber hinaus auch eine strukturelle Funktion, die sich in der Problemerahnung und vor allem in der Themensetzung und Platzierung von Themen auf der politischen Agenda widerspiegele. Da zivilgesellschaftliche Akteure in den nationalen und transnationalen Politiksystemen außerhalb der vermachteten politischen Funktionskreisläufe stünden, könnten sie staatliche Funktionsroutinen durchbrechen und Öffentlichkeit erzeugen.

Habermas lässt jedoch weitgehend offen, an welchen konkreten Indikatoren der Grad der Mobilisierung von Öffentlichkeit gemessen werden kann und von welchen Faktoren dieser abhängig ist, da er idealtypisch argumentiert und sich infolgedessen auf der Metaebene bewegt. Als einzigen konkreten Indikator benennt er die Öffentliche Meinung. Daher wird im dritten Teil der Arbeit auf Ergebnisse öffentlicher Meinungsumfragen zurückgegriffen, die Aussagen über das Mobilisierungspotential zulassen. Bevor auf das externe Mobilisierungspotential geschlossen werden kann und die Ergebnisse der Meinungsumfragen bewertet und kontextualisiert werden können, ist zunächst eine Klärung der Ressourcen erforderlich, die die deutsche Sektion von ai im Lauf ihrer Entwicklung intern mobilisiert hat.

3. Die deutsche Sektion von amnesty international e.V.

Die deutsche Sektion von ai wurde am 28.7.1961, etwa zwei Monate nach der Gründung von ai in Großbritannien, auf Initiative der Journalisten Gerd Ruge, Sabine Brand und Carola Stern in Köln ursprünglich unter dem Namen „amnesty-Appell" gegründet (Brieskorn 1988, S. 36).

Die Eintragung in das Vereinsregister des Amtsgerichtes Köln erfolgte am 25.09.1961. Der Sitz des Vereins ist Köln. Die Rechtsverhältnisse des Vereins ergeben sich aus der Satzung. Der Verein verfolgt ausschließlich und unmittelbar gemeinnützige Zwecke im Sinne der §§ 51 bis 68 der Abgabenordnung (AO), indem er sich weltweit für die Einhaltung der „Allgemeinen Erklärung der Menschenrechte" einsetzt. ai arbeitet auf dieser Grundlage für die Freilassung von gewaltlosen politischen Gefangenen und setzt sich für faire und zügige Gerichtsverfahren für alle politischen Gefangenen ein. Weitere Arbeitsschwerpunkte der Organisation sind der Einsatz gegen Folter und Todesstrafe, das „Verschwindenlassen" von Menschen und extralegale Hinrichtungen sowie der Einsatz gegen unkontrollierten Waffentransfer, wenn dadurch zu Menschenrechtsverletzungen im Empfängerland beigetragen wird. ai wendet sich auch gegen die zwangsweise Rückkehr von Personen, die der Gefahr ausgesetzt wären, in ihrem Heimatland Opfer von schweren Menschenrechtsverletzungen zu werden. Deswegen fordert ai ein faires, unparteiisches und umfassendes Asylverfahren.

Mitglied kann jede natürliche Person werden, die bereit ist, sich für die Ziele des Vereins einzusetzen. Dies kann durch Anschluss an eine Gruppe erfolgen oder durch die selbständige Übernahme von Aufgaben. Personen, die sich zu einer regelmäßigen finanziellen Unterstützung des Vereins verpflichten, sind Förderer. Die Mitglieder sind zu derzeit 43 Bezirken zusammengefasst, die auf regelmäßigen Bezirksversammlungen über ihre gemeinsamen Aufgaben beschließen (Deutsche Warentreuhand, IBDO Bericht 2005, S. 1). Weitere Entscheidungsorgane des Vereins sind die Jahresversammlung und der Vorstand, der die ehrenamtlichen Mitglieder vertritt. Einmal im Jahr findet zum Zwecke der nationalen Entscheidungsbildung die Jahresversammlung (JV) statt. Sie ist das höchste beschlussfassende Gremium der deutschen Sektion. Jedes ai -Mitglied hat das Recht, Anträge an die JV zu stellen und an der JV teilzunehmen. Die Jahresversammlung entscheidet über Maßnahmen zur Förderung des Vereinszwecks, über Satzungsänderungen, die Einführung und Änderung eines Arbeitsrahmens der Sektion, das Budget der Sektion und über die Höhe der Beiträge. Stimmberechtigt sind Delegierte von „Gruppen", die jeweils über zehn Stimmen verfügen und Einzelmitglieder mit jeweils einer Stimme. Darüber hinaus wählt die JV den Vorstand, zwei Kassenprüfer sowie alle zwei Jahre eine Delegation zum Internationalen Rat. Der Vorstand wird für die Dauer eines Jahres gewählt und besteht aus einem Vorstandssprecher und zurzeit sieben weiteren Mitgliedern.[12] Er führt zwischen den Jahresversammlungen die Geschäfte des Vereins. Das Sekretariat (die Geschäftsstelle) der Sektion ist dem Vorstand gegenüber verantwortlich (ebd., S. 2). Es existieren zwei Standorte in Bonn und Berlin, die von Barbara Lochbihler als Generalsekretärin geleitet werden. Das Sekretariat koordiniert die Arbeit der Mitglieder und ist die Verbindungsstelle zwischen den Gruppen und dem Internationalen Sekretariat in London. Die Sektionen entsenden Vertreter in den Internationalen Rat, das oberste Gremium von ai auf internationaler Ebene, das alle zwei Jahre zusammentritt.[13] Der Rat legt Politik und Arbeitsweise von ai fest und wählt das Internationale Exekutivkomitee, dem die Führung der laufenden Geschäfte der Organisation obliegt. Unter der Verantwortung des Exekutivkomitees steht auch das Internationale Sekretariat in London, an dessen Spitze die internationale Generalsekretärin steht (ebd., S. 2).

3.1. Die Entwicklung der internationalen Selbstverständnisdiskussion bis 2001 und die Rolle der deutschen Sektion

Die Gründung von ai geht auf den britischen Rechtsanwalt Peter Benenson zurück. Benenson, der die Eliteschule Eton besuchte und anschließend in Oxford Jura studierte, hatte im Mai 1961 auf der ersten Seite eines englischen Tagesblatts einen Bericht über die Schicksale portugiesischer Gefangener veröffentlicht, die wegen ihres gewaltfreien Eintretens für ihre politische Überzeugung inhaftiert waren und um Unterschriften und Appelle zur Freilassung dieser Menschen gebeten.[14] Die ursprünglich auf ein Jahr angelegte

---

12 Seit 2007 wird der Vorstand alle zwei Jahre neu gewählt.

13 Ab 2009 wird der Internationale Rat alle drei Jahre zusammentreten.

14 Zuvor hatte Peter Benenson in den 1950er Jahren wiederholt im Auftrag britischer Gewerkschaften als Beobachter oder Verteidiger an politischen Prozessen in Ungarn, Zypern, Südafrika und Spanien teilgenommen (Brieskorn 1988, S. 36).

Kampagne „appeal for amnesty“ führte zur Gründung von ai als „Gefangenenhilfsorganisation“.

Die Gründung der deutschen Sektion etwa zwei Monate später brachte das Thema Menschenrechte in einem Land auf, in dem ein Großteil der Bevölkerung durch eine unpolitische Grundhaltung, verbunden mit einem gewissen Provinzialismus, was außenpolitische Sachverhalte betraf, gekennzeichnet war. Zudem war „der Großteil der Bevölkerung damit beschäftigt, den Zweiten Weltkrieg und die Folgen zu verdrängen, häufig in bezug auf das persönliche Verhalten während des Nationalsozialismus“ (Schmidt 2002, S. 50). Das Thema Menschenrechte weckte offenbar bei Menschen größeres Interesse, für die das „Verarbeiten von Informationen, das Diskutieren und Überzeugen-Wollen vertrautes Metier war“ (Marx 2001, S. 51). Es überrascht deswegen nicht, dass die Gründer der deutschen Sektion nicht repräsentativ für die deutsche Bevölkerung waren, sondern Teil der Elite.[15] Hierzu zählten Journalisten, Rechtsanwälte, Pfarrer und andere „etablierte Mitglieder der bürgerlichen Gesellschaft“ (ebd., S. 16). Anfang der 1960er Jahre gab es zudem kaum Initiativgruppen, die sich außerhalb der parteipolitischen Strukturen befanden und in denen sich Menschen hätten organisieren können.

Zunächst engagierte sich ai ausschließlich für gewaltlose politische Gefangene. Nach einem längeren internen Diskussionsprozess forderte die Organisation ab 1968 ebenfalls faire und unverzügliche Gerichtsverfahren für „nicht gewaltlose“ politische Gefangene. Ab 1970 weitete ai ihr Arbeitsfeld mehrfach aus und setzte sich auch für Personen ein, wenn ihnen die Verhängung oder Vollstreckung der Todesstrafe, Folter oder grausame, unmenschliche, erniedrigende Behandlung, ungesetzliche Tötung (extralegale Hinrichtung) oder „Verschwindenlassen“ drohte. Dies waren die ersten Abweichungen vom Konzept der klassischen „Gefangenenhilfsorganisation“ und bestimmten den Arbeitsrahmen der Organisation bis 1991. Erst nach Ende des Kalten Krieges wurde ai zu einer „Menschenrechtsorganisation“. Mit dem Fall der Berliner Mauer und dem Ende der Apartheid in Südafrika wurde die Menschenrechtsbewegung erschüttert: „Das einfach zu durchschauende Ost-West-Schema hatte es erleichtert, sich mit den Zielen von ai zu identifizieren: sich für

15 Gründungsmitglieder waren Dr. Peter Bender, Hermann Bortfeld, Fricke (Vorname nicht bekannt), Charlotte von der Herberg, Wolfgang Leonhard, Berend von Nottbeck, Dr. Felix Rexhausen, Jürgen Rühle, Sabine Rühle (spätere Brand), Gerd Ruge, Rochus Spieker, Carola Stern, Dr. Gerhard Scherhorn, Renate von Trotha (Schmidt 2002, S. 49).

gewaltlose politische Gefangene im Osten einsetzen, die Schwarzen in Südafrika unterstützen, über das Massaker auf dem Platz des Himmlischen Friedens in Peking informieren" (Streeck 2006, S. 3). Ein Teil der traditionellen Arbeit brach weg und führte zu einem neuen Selbstverständnisdiskurs. 1991 gab sich die Organisation auf dem International Country Meeting (ICM) in Yokohama eine neue Satzung, die ein „übergeordnetes Ziel" sowie die Formulierung des „eigentlichen Mandates" beinhaltete. Als übergeordnetes Ziel wurde erstmals die Förderung aller Menschenrechte, d.h. auch die wirtschaftlichen, sozialen und kulturellen Menschenrechte, betrachtet.[16] Das eigentliche Mandat sollten die Arbeit gegen schwerwiegende Menschenrechtsverletzungen, mit den Arbeitsschwerpunkten gewaltlose politische Gefangene, unfaire Gerichtsverfahren bei politischen Gefangenen, Folter, Todesstrafe, staatlicher Mord und Verschwindenlassen bilden. Während das übergeordnete Ziel mit den Arbeitsmethoden der Menschenrechtsbildung, Training, Lobbyarbeit und Zusammenarbeit mit anderen NGOs erreicht werden sollte, wurde beschlossen, die traditionellen Arbeitsmethoden von ai wie Einzelfallarbeit, Initiierung und Durchführung von Kampagnen sowie Öffentlichkeitsarbeit nicht einzusetzen. Für das eigentliche Mandat sollte dagegen die gesamte Bandbreite der Arbeitsmethoden, also über die o.g. hinaus auch Einzelfallarbeit, Kampagnen, urgent actions und Action files zur Verfügung stehen (ai 2006 a, S.3).[17] Mitte der 1990er ahre rückten die Folgen der Globalisierung in den

16 Die wirtschaftlichen, sozialen und kulturellen Rechte sind im sog. Sozialpakt festgehalten, der 1966 von der Generalversammlung der Vereinten Nationen verabschiedet, 1976 in Kraft getreten und bislang von 148 Staaten ratifiziert worden ist. Die wirtschaftlichen Rechte umfassen insbesondere das Recht auf Arbeit, Berufsausbildung und das Streikrecht. Unter die sozialen Rechte fallen das Recht auf Nahrung, Wasser, Wohnung, Gesundheit und der Schutz der Familie. Die kulturellen Rechte beinhalten u.a. das Recht auf Bildung, die Schulpflicht und das Recht auf Teilnahme am kulturellen Leben. Die bürgerlichen und politischen Rechte sind im Internationalen Pakt, auch Zivilpakt genannt, festgelegt und beinhalten das Recht auf Leben, das Verbot der Sklaverei und Zwangsarbeit, das Recht auf persönliche Freiheit und Sicherheit, Gedanken-, Gewissens- und Religionsfreiheit, die Gleichstellung von Mann- und Frau sowie das Wahlrecht (Spieß 2004, S. 13).

17 Unter "urgent actions" werden Eilaktionen verstanden. Durch Briefe, Faxe etc. wird bei den verantwortlichen Behörden eines Landes in besonders dringenden Fällen von Menschenrechtsverletzungen interveniert. Beim „Action File" handelt es sich um ein Langzeitdossier für ai-Gruppen, der meist einen „Gefangenenfall" betrifft, den die Gruppe über mindestens ein Jahr begleitet (ai 1994, S. 77).

Blickpunkt der Öffentlichkeit und mit ihr das Thema Armut. Die Ziele in der Menschenrechtsbewegung wandelten sich: „man glaubte, in den fünfzig Jahren seit Ende des Zweiten Weltkriegs die politischen Menschenrechte genügend im globalen Bewusstsein verankert zu haben, so dass man sich nun anderen Problemen zuwenden könne“ (Streeck 2006, S. 3). In der deutschen Sektion „rutschten ai-Aktivisten unruhig auf ihren Stühlen hin und her. Landauf, landab fragten sie sich, ob ihre Organisation nicht mehr tun könne“ (Holm 1995, S. 95).

3.2. Zur aktuellen Selbstverständnisdiskussion

Dem sich bereits 1991 erkennbaren Paradigmenwandel wurde allerdings erst beim ICM 2001 in Dakar Rechnung getragen. ai beschloss eine völlige Neufassung der Satzung. Das vorherige "Mandat" wandelte sich in einen „Arbeitsrahmen“, der sich in die „*vision*“ und die „*mission*“ aufgliedert. ai formulierte als Vision eine Welt, in der allen Menschen die in der Allgemeinen Erklärung der Menschenrechte aufgeführten Rechte gewährt werden: „In pursuit of this vision, ai`s mission is to undertake research and action focused on preventing and ending grave abuses of the rights to physical and mental integrity, freedom of conscience and expression, and freedom from discrimination, within the context of its work to promote all human rights.“[18] Die Unterschiede zum bisherigen Mandat waren enorm. Bislang hatte sich ai allein gegen Übergriffe und Menschenrechtsverletzungen aufgrund von Missbrauch der politischen Macht, nicht aufgrund von Übergriffen allgemeiner Gewalt gewandt. Auch die Verteidigung der sog. wirtschaftlichen, kulturellen und sozialen Rechte war grundsätzlich nur Teil des Eintretens für alle Menschenrechte ohne aktive Kampagnenarbeit gewesen. Handelte es sich nun um schwerwiegende Verletzungen dieser Rechte, konnte ai jetzt die gesamte Bandbreite seiner Arbeitstechniken einsetzen. In der deutschen Sektion stand man dem neuen Kurs überwiegend kritisch gegenüber. Es wurde befürchtet, dass durch die thematische Erweiterung das klare Profil der Organisation verblassen könnte.

2003 wurde bei der Tagung des Internationalen Rates in Mexiko auf der Grundlage des neuen Arbeitsrahmens aus 2001 ein Aktionsplan (International Strategic Plan) für die Jahre 2004 bis 2010 beschlossen, der als Präzision des neuen Arbeitsrahmens begriffen werden kann und die einzelnen Arbeitsschwerpunkte vorgibt. Die konkrete Aus-

---

18 Statute amnesty international 2003

gestaltung verbleibt allerdings bei den nationalen Sektionen. Das letzte internationale Treffen fand 2005 in Mexiko statt. Dort wurden zwei Beschlüsse gefasst, die die Ausweitung des Arbeitsrahmens verdeutlichen. Hatte sich ai bislang zur Frage des Einsatzes militärischer Gewalt zur Verhinderung von Menschenrechtsverletzungen neutral verhalten, beschloss das ICM 2005 die bedingte Aufgabe des Neutralitätsprinzips. Unter strengen Voraussetzungen, deren "guidelines" in einem Konsultationsprozess noch erarbeitet werden, kann sich ai auch für den Einsatz militärischer Gewalt aussprechen.[19]

Ebenfalls ist festgelegt worden, dass ai-intern diskutiert wird, inwieweit sich ai für sexuelle und reproduktive Menschenrechte wie z.B. den Zugang zu Gesundheitsversorgung und das Recht auf Abtreibung einsetzen kann oder soll.[20] Damit ist die Diskussion um das aktuelle Selbstverständnis in eine neue Dimension vorgedrungen. Die wirtschaftlichen, sozialen und kulturellen Rechte sind zu einem festen Bestandteil des Arbeitsgebietes von ai geworden. Die Entwicklung des skizzierten „Mandatskurses" von ai zeigt die Entwicklung von der Gefangenenhilfs- zu einer Menschenrechtsorganisation. Die wirtschaftlichen, sozialen und kulturellen Menschenrechte sind aus strategischen Erwägungen bis 2001 aus der aktiven Arbeit ausgeklammert worden. Die Vertretung der deutschen Sektion hat mit ihrer kritischen Haltung zum Beschluss von Dakar 2001 signalisiert, dass sie diesem Kurs der „strategischen Ausgrenzung" auch weiterhin gefolgt wäre. Dahinter verbirgt sich ein Grundsatzkonflikt. Die Kritiker des neuen Kurses in der deutschen Sektion befürchten Schwammigkeit, Breite und Ideologieanfälligkeit des Auftrags, würde ai ihr Spektrum an Menschenrechtsthemen erweitern: „ai begibt sich damit auf gefährlichen Grund. Ihre moralische Autorität verdankt die Organisation der Freiheit von Ideologien. Das Gebiet der wirtschaftlichen Menschenrechte dagegen ist geprägt von politischen Richtungskämpfen. Fast unmöglich, davon unbeleckt als unangefochtener Hüter der Moral weiter zu bestehen. Schlimmer noch: ai verliert ihre Seele. Es fällt schwer, sich von anderen Nichtregierungsorganisationen abzugrenzen, die sich ebenfalls für sauberes Trinkwasser oder ein Obdach für jeden einsetzen. Auf dem ureigenen Terrain machen ihr derweil Gruppen wie Human Rights Watch Konkurrenz" (Streeck 2006, S. 5). Die Kernkompetenzen, der Einsatz für politische Gefangene und gegen Folter und Todesstrafe, sollten im Mittelpunkt der Arbeit bestehen bleiben. Eine Verwässerung des

---

19 Beschluss 2 des ICM 2005 "use-of-force".

20 Beschluss 3 des ICM 2005 "Sexual and Reproductive Rights".

Auftrags ziehe Austritte langjähriger Förderer nach sich. Es sei schwer, als „Menschenrechts-Gemischtwarenladen" Spenden zu sammeln, denn man könne kaum vermitteln, wofür ai heute stehe (ebd., S. 6). Demgegenüber führen die Kritiker die Unteilbarkeit und Universalität der Menschenrechte an, die zu einem erweiterten Arbeitsrahmen der größten Menschenrechtsorganisation der Welt führen müsse. Als Hauptargumente der Gegner des neuen Kurses werden mangelnde personelle und finanzielle Ressourcen vorgebracht. Die deutsche Sektion befindet sich als Teil dieses Diskurses derzeit in einem tiefgreifenden Wandlungsprozess.

4. Zur Entwicklung des gesellschaftspolitischen Mobilisierungspotentials von amnesty international in der Bundesrepublik Deutschland von 1961-2006

Die Fähigkeit zur Mobilisierung im Sinne von „jemanden aktivieren, motivieren“ bedarf verschiedener Ressourcen (Müller 1986, S. 459). Sie zielt darauf ab, „Menschen zu einer gewünschten Einstellung oder einem bestimmten Verhalten zu bringen“ (Raschke 1985, S. 191, vgl. auch Sebald, Straßner 2004, S. 19). Vor diesem Hintergrund wird im folgenden Kapitel aufgezeigt, welche Ressourcen die deutsche Sektion von ai im Laufe ihrer 45-jährigen Geschichte mobilisiert hat. Besonderes Augenmerk liegt dabei auf der Annahme, der Organisation könne dabei ein elitäres Selbstverständnis unterstellt werden. Der Begriff Elite (lat. eligere: auswählen, franz.: die Auswahl, das Auserlesene) bezeichnet eine Auswahl von Menschen, die Schaffung einer sozialen Gruppe, einer Minderheit, die besonders hoch qualifiziert, leistungsfähig ist und deren Überlegenheit sich in verschiedenen gesellschaftlichen Bereichen geltend macht (Galle u. Lühus 1998, S. 20). Eliten sind durch einen beträchtlichen Grad sozialer Homogenität gekennzeichnet, die ein hohes Maß an Interessenhomogenität nach sich zieht. Zu den sozialen Homogenitätsmerkmalen gehören die soziale Herkunft, gemeinsame Ausbildungs- und Berufserfahrungen sowie Mitgliedschaften in exklusiven Vereinigungen oder Gremientätigkeiten (Greiffenhagen 2002, S. 98). Dementsprechend sind unter einem elitären Selbstverständnis auch Bedingungen oder Maßnahmen zu verstehen, die dazu führen, dass sich bestimmte elitäre gesellschaftliche Personengruppen engagieren oder akquiriert werden. Deswegen sollen im folgenden Kapitel Faktoren herausgearbeitet werden, die zur Herausbildung eines elitären Selbstverständnisses beigetragen haben könnten.

4.1. Die Entwicklung wissensbasierter Ressourcen

Den Beginn der **ehrenamtlichen ai-Arbeit** in der Bundesrepublik Deutschland markierten in den 1960er Jahren die sog. Adoptionsgruppen, von denen sich die erste 1961 in Köln und kurz darauf eine weitere in Hamburg gründete. Mit Adoption war die Betreuung von drei politischen Gefangenen aus den unterschiedlichen politischen Blöcken gemeint.[21] Kernaufgaben waren die Kontaktaufnahme und Ermutigung durch Briefe an die Gefangenen und ihre Familien, bei Asylgewährung die Organisation der Emigration sowie die Publikation des Falles in der lokalen Presse und in der Presse des Heimatlandes. Auch die materielle Unterstützung in Form von Geld und Paketen war Teil der Adoption (Mihr 2002, S. 25). Die systematische Informationsbeschaffung zu der politischen Ausgangslage in den Herkunftsländern gehörte ebenfalls zur Adoptionsarbeit, orientierte sich in den 1960er Jahren aber noch sehr stark am individuellen „Fall".

Bis 1965 führte die deutsche Sektion von ai ein „Schattendasein". Der Schwerpunkt der Arbeit der deutschen Sektion lag auf der unmittelbaren Hilfe für die adoptierten Gefangenen, zumeist ohne öffentliche Aufmerksamkeit (Lange 1986, S. 98). Dass die Organisation in der Bundesrepublik Deutschland bestehen blieb und sich nicht, wie etwa in Frankreich, zunächst wieder auflöste, hing eng mit dem beruflichen Hintergrund der Sektionsgründer zusammen, von denen ein großer Teil als politisch aktive Journalisten über die Möglichkeiten verfügten, die Sektion in den ersten vier Jahren am Leben zu erhalten. Ein gutes Beispiel hierfür war die erste größere Veranstaltung, die die deutschen ai-Gründer 1962 aus Anlass der „Spiegelaffäre" organisierten: „Mit Hilfe einiger WDR-Kollegen lud Ruge im Namen von ai 14 bekannte Juristen, Politologen und Journalisten aus dem In- und Ausland zum 30. November nach Köln zu einem Symposium ein. Die Kosten übernahm der WDR-Hörfunk, der Teile des achtstündigen Rundgesprächs sendete, sowie der Verlag Kiepenheuer und Witsch, der das Protokoll im Jahr darauf unter dem Titel „Landesverrat und Pressefreiheit" veröffentlichte" (ebd., S. 98).[22]

Mit der ersten Jahresversammlung im April 1966 in Köln begann für die deutsche Sektion ein grundlegender Wandel. Bis zum April 1966 hatte es neben dem ai-Verein in Köln ein zweites ai-Zentrum in

21 Das „threes" (Dreierschema) wurde umschrieben mit der Arbeit zum Osten, zum Westen und zu afro-asiatischen, „neutralen" Ländern. 1977 wurde dieses Dreierschema abgeschafft (Mihr 2002, S. 25).

22 Spiegelaffäre, üblich gewordene Bezeichnung für einen schweren innenpolitischen Konflikt in der Bundesrepublik Deutschland, ausgelöst durch die Durchsuchung der Redaktionsräume der Zeitschrift ›Der Spiegel‹ in Hamburg und Bonn am 27. 10. 1962 sowie die Festnahme ihres Herausgebers R. Augstein, des Redakteurs C. Ahlers u. a. wegen des Vorwurfs des publizistischen Landesverrats und der Beamtenbestechung (wegen eines Beitrages über die NATO-Übung ›Fallex 62‹); Verteidigungsminister F. J. Strauß musste zurücktreten (Meyers Lexikon online, 24.04.2006).

Hamburg gegeben, das 1965, ebenfalls in der Rechtsform eines eingetragenen Vereins, gegründet worden war. Auf der Kölner Jahresversammlung schlossen sich beide Vereine zu einer Organisation zusammen, die die internationale Bezeichnung „amnesty international" übernahm (ebd., S. 100).

Parallel dazu bildete sich die **hauptamtliche Arbeit** der deutschen Sektion heraus. Die Geschäftsstelle in Hamburg zunächst bis 1969 noch von ehrenamtlichen Mitarbeitern betrieben, wurde ab November 1969 mit der ersten hauptamtlichen Geschäftsführerin Helga Wandschneider sowie zwei Zivildienstleistenden als Verbindungsstelle zwischen den Gruppen und dem Internationalen Sekretariat in London zum Nationalen Sekretariat aufgebaut und koordinierte fortan die Arbeit der Mitglieder. Mit der Installierung einer hauptamtlichen Arbeitsstruktur sollte sichergestellt werden, dass qualifizierte Mitarbeiter langfristig bei der Organisation verbleiben würden (Müller 1986, S. 116). 1972 hatte das Sekretariat fünf hauptamtliche Mitarbeiter und einen Generalsekretär. 1976 waren es bereits neun Mitarbeiter, die mit einer Ausnahme im Zusammenhang mit der geplanten Verlagerung nach Bonn nach und nach alle ausschieden (Lange 1986, S. 132). Im Juni 1977 zog das Sekretariat nach Bonn und war auf 15 neue Mitarbeiter angewachsen (Müller 1986, S. 117).

In den 1970er Jahren differenzierte sich parallel zur Installierung und Professionalisierung der hauptamtlichen Arbeit die ehrenamtliche Organisationsstruktur weiter aus. Über die Adoptionsgruppen hinaus entstand, auch im Kontext des sich erweiternden Mandates, ein dezentrales Informationsnetzwerk, das aus Länderkoordinationsgruppen, themenbezogenen Arbeitsgruppen wie Asylgruppen, Jugendgruppen, lokalen Gruppen und Sektionskoordinationsgruppen bestand.[23]

In den Länder-Koordinationsgruppen organisierten sich Mitglieder, die durch die intensive Beschäftigung mit der Menschenrechtslage in den jeweiligen Ländern zu „ehrenamtlichen Länderexperten" avancierten.[24] Von den Länderkoordinationsgruppen wurde erwar-

23 Sektionskoordinationsgruppen koordinieren die Arbeit zu einem bestimmten Arbeitsgebiet innerhalb der Sektion.

24 Die Länderexperten sind innerhalb der Organisation auf unterschiedlichen Ebenen eingebunden. So gibt es Treffen regional zusammengehöriger Länderkoordinationsgruppen wie auch ein jährlich im November stattfindendes Treffen aller Länderkoordinationsgruppen der deutschen Sektion. Vorbereitet wird dieses vom so genannten »Länderteam«, dem u.a. das Vorstandsmitglied für Länderarbeit und fünf Regionalbeauftragte angehören. Die Regionalbeauftragten sind eine Art Bindeglied zwi-

tet, dass „wenigstens drei Mitglieder einer solchen überdurchschnittliche Englischkenntnisse besitzen und zwei die Sprache des Speziallandes beherrschen“ (Claudius, Stepan 1976, S. 235). Die Satzung von ai aus dem Jahr 1975 nennt auch hinsichtlich der anderen Gruppen als eine Voraussetzung für die Gruppengründung, dass „wenigstens ein Mitglied über ausreichende Englischkenntnisse zur Erarbeitung des aus dem Internationalen Sekretariat kommenden Materials verfügt. Zudem darf kein Mitglied in Länderkoordinationsgruppen Bürger des betreffenden Landes bzw. dort auch nicht geboren sein“ (ai 1975, S. 4). Damit sollte die Arbeitsfähigkeit gesichert und dem Organisationsinteresse, seriöse, glaubwürdige Informationen von hoher Qualität zu akquirieren, Rechnung getragen werden. Andererseits führte diese Vorgehensweise zur systematischen Rekrutierung elitärer gesellschaftlicher Gruppen, denn vor allem diese waren in der Lage, den sprachlichen und fachlichen Anforderungen zu entsprechen. Parallel zur ehrenamtlichen Länderarbeit entwickelte sich in den 1970er Jahren auf der internationalen wie auch auf der nationalen Ebene eine hauptamtliche „Researchstruktur“. Fachreferenten zu Länderregionen wurden von sog. „Researchern“ (Ermittlern) unterstützt, die für die Eruierung der Menschenrechtssituation in einem Land zuständig waren. ai-Ermittler arbeiteten dabei nach dem Prinzip, dass eine Quelle erst dann als gesichert galt, wenn sie von zwei unabhängigen Quellen bestätigt wurde.

Im Oktober 1978 entschied der Vorstand, das Sekretariat in Bonn noch weiter auszubauen und beschloss in einer außerordentlichen Sitzung, die Zahl der Beschäftigten im Sekretariat bis 1982 von 15 auf 24 Mitarbeiter aufzustocken. Als Grundlage für die Neustrukturierung des Sekretariates in Bonn nahm ai erstmals die Expertise eines Unternehmerberaters in Anspruch, der ein Personalkonzept ausarbeitete. Das Sekretariat wurde in sechs Einheiten (Büro des Generalsekretärs, Geschäftsleitung, Informationseinheit, Aktionseinheit, Koordinationseinheit und Zentralbuchhaltung) gegliedert (Lange 1986, S. 136). Der hauptamtliche Apparat wurde um einer stärkeren Professionalisierung willen gestärkt.

Analog zur Wissensressource Länderinformationen baute ai mithilfe der sog. Sektionskoordinationsgruppen die Wissensressource „themenorientierte Informationen“ zu Menschenrechtsverletzungen auf.

---

schen nationalem Sekretariat, Vorstand, Länderkoordinationsgruppen und internationaler Ebene. Außerdem sind sie Ansprechpartner für Themen, die länderübergreifend sind, und sie kümmern sich darum, dass in ihrer Region alle Länder mit Länderkoordinationsgruppen versorgt sind.

Bereits Mitte der 1970er Jahre waren die ersten Arbeitskreise, die Vorläufer der Sektionskoordinationsgruppen, die themenbezogen, berufsgruppen- oder zielgruppenbezogen arbeiteten, entstanden.

Ab Ende der 1980er Jahre gelang es der Organisation über die Wissensressource „Länderinformationen", bei angefragten Gutachten in verwaltungsgerichtlichen Asylverfahren wichtigster Gutachter nach dem Auswärtigen Amt zu werden und so zu einem Akteur, dessen Einschätzung als Grundlage für Gerichtsverfahren diente (Gottstein 1993, S. 155). Die Bedeutung dieser Funktion stellt Christoph Strässer heraus: „Ich war sehr lange, bevor ich im Bundestag war, als Anwalt tätig, auch in Asylverfahren. Neben den jeweiligen Berichten, wenn Asylbewerber sich vor den Gerichten präsentieren mussten, wurden ja nicht nur die Lageberichte des Auswärtigen Amtes angefordert, sondern beispielsweise auch die Stellungnahmen von ai über die menschenrechtliche Lage in den jeweiligen Herkunftsländern. Und die sind auch sehr stark berücksichtigt worden" (Strässer 12.05.2006, S. 1).[25]

Anfang der 1990er Jahre folgte ein weiterer Professionalisierungsschub. Die sog. Landesbeauftragten wurden in den Bereichen „Politische Flüchtlinge" und „Lobbyarbeit" eingeführt. Der Begriff Lobby tauchte damit erstmals im ehrenamtlichen ai-Kontext offiziell auf und lässt darauf schließen, dass sich zu dieser Zeit in der Organisation die Idee einer gezielteren Lobbyierung von Politikern und anderer gesellschaftlicher Entscheidungsträger durchsetzte. Die Landesbeauftragten sollten auf höherer und höchster Ebene ansetzen und Kontakte mit den jeweils zuständigen Innenministern, Landesministern und Senatoren der Bundesländer halten und Forderungen von ai übermitteln. Gleichzeitig ist die Einführung ein Hinweis darauf, dass die zeitlichen Kapazitäten der hauptamtlichen Mitarbeiter anscheinend nicht ausreichten, um Lobbyaktivitäten zu gewährleisten. Den Begriff Lobbyarbeit verwandte ai synonym zu den englischen Begriffen „home government approaches" oder „political institution´s approaches". Im Mitgliederhandbuch der Organisation heißt es dazu: „wenn wir von Lobbyarbeit sprechen, dann meinen wir die Arbeit gegenüber Politikern in Parlamenten und Regierungsorganisationen auf kommunaler, Landes- und Bundesebene. Andere Bereiche wie z.B. die Zusammenarbeit mit Entwicklungsdiensten, mit anderen Menschenrechtsorganisationen oder Verbänden fallen in den Bereich der Zielgruppenarbeit. Lediglich das Ansprechen der Spitzen dieser Verbände fällt in den Bereich Lobbyarbeit" (ai 1994, S. 124).

---

25 Zitat einem Interview mit der Autorin vom 12.05.2006 entnommen.

Etwa zeitgleich wurde das Modell der sog. „Fachkommissionen" (FK) entwickelt. ai-Mitglieder arbeiteten gezielt innerhalb der FKs den einzelnen Vorstandsmitgliedern und den zuständigen Abteilungen des nationalen Sekretariats ehrenamtlich zu. Dazu gehörte die gemeinsame Diskussion politischer Fragen, die Mitarbeit beim Verfassen von Stellungnahmen zu politischen Themen, das Entwickeln von Strategien, die Unterstützung bei der Lobbyarbeit, die Betreuung der Mitglieder der bundesweiten Gruppen und die Organisation und Durchführung von Seminaren.

Seitdem hat sich die ehrenamtliche Arbeitsstruktur der deutschen Sektion nicht wesentlich verändert, im Gegensatz zur hauptamtlichen Struktur, die sich zwischenzeitlich personell und thematisch ausdifferenziert hat. Der Regierungsumzug von Bonn nach Berlin brachte eine Neustrukturierung der Arbeitsbereiche des Sekretariates auf. ai zog 2001 mit einem Großteil des Personals nach Berlin. Das Hauptmotiv bei der Standortwahl Berlin war wie 1977 beim Umzug nach Bonn die Nähe zu den politischen Entscheidungsträgern: „die Lobby- und Pressearbeit kann in der Intensität, wie wir sie betreiben, nur in Berlin effizient gemacht werden. Auch sind hier die meisten Botschaften" (Lochbihler 2004, S. 1). Es wurden vier Sekretariatseinheiten gebildet: Länder und Asyl, Mitgliedschaft und Service, Öffentlichkeitsarbeit und Finanzen, Information und Technik, die der Generalsekretärin unterstellt sind (Abbildung 1). Insgesamt 55 Personen waren 2005 bei ai fest angestellt. Der Bereich Öffentlichkeitsarbeit verfügt über die größten personellen Kapazitäten. Auffällig ist auch, dass der Bereich Lobby und die Projektstelle „Wachstum" direkt bei der Generalsekretärin angesiedelt ist, was auf die besondere Bedeutung dieser Bereiche schließen lässt. Allerdings ist die Stelle „Wachstum" befristet und mit 18 Stunden nur geringfügig personell besetzt. Der Themenbereich wirtschaftliche, soziale und kulturelle Rechte ist nicht berücksichtigt, im Gegensatz zu den Bereichen Asylpolitik, Frauenrechte und der Arbeit gegen Folter.[26] Insgesamt lässt sich eine stark ausdifferenzierte hauptamtliche Organisationsstruktur feststellen:

26 Mittlerweile ist eine Stelle für den Bereich wirtschaftliche, soziale und kulturelle Rechte eingerichtet.

Abbildung 1: Organigramm des Sekretariates der deutschen Sektion von ai (Stand 31.12.2005)

Generalsekretärin				
Assistentin	**FR Lobby**	**FR Internationales, Vorstand**	**FR Management, Organisation**	**Projektstelle „Wachstum**

Abteilung Länder und Asyl	Mitgliedschaft und Service	Öffentlichkeitsarbeit	Finanzen, Information, Technik
Abteilungsleitung	Abteilungsleitung	Abteilungsleitung	Abteilungsleitung
Assistenz	Assistenz	Assistenz	Assistenz Personal-/Büroorganisation
FR Türkei/Asylpolitik	FR Länderkogruppen	FR Kampagnen	Assistentin Erbschaftsabwicklung
FR Amerika	FR Sektionskogruppen	FR Audiovisuelles u. Gestaltung	FR EDV
FR Asien	FR Mitgliedschaft West u. Süd	FR Material u. Produktion	FR Controlling
FR Afrika/Frauenrechte	FR Mitgliedschaft Nord und Ost	Pressesprecher	FR Finanzbuchhaltung
FR Naher und Mittlerer Osten	FR Training	Stellv. Pressesprecherin	Debitoren
FR Europa	Welcome Center	Assistentin Presse	FR Dokumentation
FR Military, Security, Police, Economic Relations		FR Redaktion	Kreditoren
Themenstelle Arbeit gegen Folter		FR Lektorat	Projektstelle Intranet
		FR Übersetzung	FR Druck/Versand/Technik Zivildienstleistende/Versand
		FR Fundraising	Materialversand

Die ehrenamtliche wissensbasierte Struktur der deutschen Sektion basierte 2005 auf 598 Gruppen, davon auch 75 Länderkoordinationsgruppen und 18 Sektionskoordinationsgruppen zu den Bereichen Jugendarbeit, Aktionsnetz Heilberufe, Juristinnen und Juristen, Kirchen und Religionsgemeinschaften, Polizei, Kampagne gegen Todesstrafe, Schriftsteller und Journalisten, Menschenrechtsbildung, gegen Folter, gegen Straflosigkeit, Menschenrechtsverletzungen an Kindern und Jugendlichen, Menschenrechtsverletzungen an Frauen, Menschenrechtsverletzungen an indigenen Völkern, Gewerkschaften, Kriegsdienstverweigerer, Menschenrechtsverletzungen aufgrund sexueller Identität, Wirtschaftliche, soziale und kulturelle Rechte und der Europäischen Union. Neun Fachkommissionen arbeiten derzeit zu den Bereichen Asyl, Human Right Defenders, Menschenrechtspolitik und Strategie, Training, Mitgliedschaft, Öffentlichkeit, Finanzen, Internet und Accountability.

Fremdsprachenkenntnisse stellen bis heute ein soziales Selektionskriterium in der deutschen Sektion dar. Anja Mihr, ehemalige Vorstandssprecherin der deutschen Sektion von ai weist darauf hin, dass alle Dokumente aus dem internationalen Sekretariat in den Sprachen Englisch, Französisch, Spanisch und Arabisch, aber nicht in Deutsch verfasst würden. Für die regelmäßige Übersetzung der Dokumente würden im Sekretariat die personellen Kapazitäten fehlen. Insofern seien englische Sprachkenntnisse für die Arbeit notwendig (Mihr 18.05.2006, S. 5).[27] Auch Volkmar Deile, ehemaliger Generalsekretär der deutschen Sektion von ai, äußert: „ai ist in der Hinsicht elitär, dass es ohne gute Englischkenntnisse nicht geht. Das ist überhaupt keine Frage. Und zwar liegt das wesentlich daran, dass wir es nicht schaffen und das kann man sich auch gar nicht anders vorstellen, alle Dokumente des Internationalen Sekretariates ins Deutsche zu übersetzen. Für eine intensivere Arbeit bei ai, das heißt mit den Berichten, die die internationale Organisation herausgibt, und für die Diskussion von neuen Aufgaben und Strukturen sind englische Sprachkenntnisse einfach unverzichtbar und damit ist ein soziales Kriterium da" (Deile 22.05.2006, S. 4).[28] Der Aufbau von Kontakten zu politischen Entscheidungsträgern wurde durch die bei ai in der Satzung verankerten Grundsätze der Neutralität (oder auch Unparteilichkeit), der Ausgewogenheit und der Unabhängigkeit erleichtert. Die Erstellung jeglicher ai- Expertise ist durch die strikte Einhaltung dieser drei Grundsätze bestimmt. Diese

---

27 Zitat einem Interview mit der Autorin vom 18.05.2006 entnommen.

28 Zitat einem Interview mit der Autorin vom 22.05.2006 entnommen.

Grundsätze gehen auf das Internationale Statut der Organisation von 1968 zurück und sind bis heute gültig. Der Grundsatz der Unparteilichkeit führt dazu, dass ai unabhängig von politischen oder anderen sachfremden Erwägungen arbeitet. ai greift nie das die Menschenrechtsverletzung verursachende System wie z.B. die Regierung, ein Regime, eine private Gruppe etc. direkt an, sondern thematisiert stets die konkrete Menschenrechtsverletzung. Die Organisation nimmt keine politische Wertung vor, sondern benennt die Form der Menschenrechtsverletzung und erhebt einzig hierauf bezogenen Forderungen zur Abhilfe (ai 1996 a, S. 23).

Mithilfe des Grundsatzes der Ausgewogenheit sollen die verschiedenen Kulturkreise und politischen Systeme sowie die Berichterstattung über Menschenrechtsverletzungen in bewaffneten Konflikten oder bei unsicherer Informationslage weltweit berücksichtigt werden. Hierzu gehört u.a. die Wiedergabe auch der Positionen der jeweils betroffenen Regierung oder Gruppe zu den gegen sie erhobenen Vorwürfen z.B. in Form der ai-Länderberichte (ebd., S. 24).

Der Grundsatz der Unabhängigkeit hat ebenfalls weitreichende Konsequenzen für die Arbeit von ai. ai zieht bei research-Arbeiten mindestens zwei voneinander unabhängigen Quellen heran, so dass politische Gruppen nicht gezielt mit Falschinformationen oder einseitigen Stellungnahmen Einfluss üben können (ebd., S. 24).

Welche Auswirkungen diese Prinzipien für die ai-Arbeit der deutschen Sektion hatten, wird anhand der seit 1971 im Kern noch heute gültigen Direktiven erkennbar: „Gruppen, Bezirke und Sektionen sollten keinerlei Öffentlichkeitsaktionen, z.B. Pressekonferenzen, Demonstrationen und öffentliche Veranstaltungen, gemeinsam mit Exil-, Flüchtlings- oder anderen politischen Organisationen durchführen, die in Opposition zur Regierung des betreffenden Landes stehen, ohne dass der Vorstand der jeweiligen Sektion vorher seine Zustimmung erklärt hat. Des Weiteren wird empfohlen, dass Gruppen oder Bezirke Presseerklärungen über die grundsätzliche Einstellung von ai zu bestimmten Problemen von überörtlicher Bedeutung nur nach vorheriger Konsultation ihrer Sektion oder des Internationalen Sekretariates herausgeben“ (Claudius, Stepan 1976, S. 227).

Die finanzielle Unabhängigkeit äußert sich in der Weigerung, Regierungsgelder oder zweckgebundene Spenden anzunehmen. Auch Großspenden von Privatpersonen oder Firmen unterliegen einer strengen Prüfungsregel. Eine weitere Konsequenz des Grundsatzes der Unabhängigkeit war bisher die sogenannte „wooc-rule“ (no work on own country). Mitarbeitern von ai war es bisher nicht erlaubt, in ihrem Land gegen Menschenrechtsverletzungen ihres eigenen Landes zu arbeiten. Damit sollte die Unabhängigkeit von lokaler politischer Einflussnahme sowie die Sicherheit der Mitarbeiter und Mitglieder gewahrt werden. Die Flüchtlings- und Asylarbeit stellte bereits bisher eine Ausnahme von dieser Regel dar. Der Arbeitsrahmen von 2001 lässt die Arbeit im eigenen Land zu, allerdings nur in enger Absprache mit dem Internationalen Sekretariat.

Die skizzierten Grundsätze haben organisationsintern in der deutschen Sektion wiederholt zu Kritik geführt. Der Internationale Rat reagierte bereits 1971 auf die Kritik an der Strategie der Nichteinmischung, in dem er erklärte, dass „Exil-, Flüchtlings- und anderen politischen Organisationen gegenüber betont werden sollte, dass die Weigerung von ai, mit Ihnen in der Öffentlichkeit zusammenzuarbeiten, der Erhaltung der Ausgewogenheit von ai diene und nichts mit der Billigung oder Missbilligung der Ziele und Ansichten einer solchen Organisation zu tun habe" (Claudius, Stepan 1976, S. 227). Trotzdem entstand durch diese starke Reglementierung bei vielen Mitgliedern der deutschen Sektion an der Basis der Eindruck, nur noch „Registrator von Menschenrechtsverletzungen" zu sein (Holm 1995, S. 95). Die schrittweise Erweiterung des Mandates seit den 1990er Jahren kann auch als eine Antwort auf diese Kritik betrachtet werden. Andererseits hat die strategische Ausrichtung von ai dazu geführt, „dass man eben bestimmte Vorwürfe, die man anderen Organisationen gegenüber vorbringen kann, wie zum Beispiel ideologische Prägungen, nicht ernsthaft gegen ai vorbringen kann" (Strässer, 12.05.2006, S. 2).[29]

Zusammenfassend lässt sich konstatieren, dass ai in der Bundesrepublik Deutschland im Lauf seiner 45-jährigen Geschichte eine ausdifferenzierte Informationsstruktur in Form von lokalen Gruppen, themenbezogenen Arbeitsgruppen wie z.B. Asylgruppen, Länderkoordinationsgruppen und Sektionskoordinationsgruppen entfaltet hat, infolgedessen die Organisation in der Lage war, die Ressource „Wissen" zu entwickeln. Die Organisation schöpfte hierfür gezielt ehrenamtliche Arbeitskraft ab und installierte parallel dazu eine hochqualifizierte hauptamtliche nationale Arbeitsstruktur, die wiederum international flankiert wurde. Insbesondere hinsichtlich der Spezialistengruppen, auch Länderkoordinationsgruppen genannt, entwickelte die Organisation in den 1970er Jahren Mindestanforderungen an ehrenamtliche Mitarbeiter, die zu einer gezielten Rekrutierung elitärer Personengruppen führten. Vor allem diese waren in der Lage, die geforderten „überdurchschnittlichen Englischkenntnisse" und andere fachliche Voraussetzungen zu erfüllen.

29 Zitat einem Interview mit der Autorin vom 12.05.2006 entnommen.

So konnte ai aber auch eine hohe fachliche Expertise bereitstellen. Die drei organisationsinternen Grundsätze der Neutralität, der Unabhängigkeit und der Ausgewogenheit, denen die Informationen genügen mussten, führten darüber hinaus in der Öffentlichkeit dazu, dass die Informationen als seriös und glaubwürdig wahrgenommen wurden. Aufgrund dieser ai zugesprochenen Seriosität gelang es der Organisation, über die Wissensressource „Gutachten" in verwaltungsgerichtlichen Verfahren Informationen einzuspeisen. Gleichzeitig war mithilfe dieser Grundsätze eine „Vermeidungsstrategie" angelegt, die nicht auf Konfrontation mit den politischen Entscheidungsträgern als Verursacher von Menschenrechtsverletzungen angelegt war, sondern auf die Menschenrechtsverletzung als solche abzielte.

4.2. Die Entwicklung personeller Ressourcen

ai war von Beginn an eine Mitgliederorganisation.[30] Über die Mitgliederzahlen der deutschen Sektion in den 1960er Jahren lassen sich keine genauen Aussagen treffen. Bis Mitte der 1970er Jahre wurden die Mitgliederzahlen nicht erfasst: „Genaues weiß man nicht, weil die Frage der Mitgliedschaft in der deutschen Sektion bisher sehr großzügig, um nicht zu sagen, nachlässig behandelt worden ist" (Claudius, Stepan 1976, S. 219). Viele ai-Mitglieder sahen auch keine Notwendigkeit für diesen „bürokratischen Mehraufwand", da der Vorstand und Sekretariat, ohnehin schon mit geringen Zeitkapazitäten ausgestattet, unnötig belastet würde (ebd., S. 219). Erst ab Mitte der 1970er Jahre stand der Hamburger Geschäftsstelle eine Datenverarbeitungsanlage zur Verfügung, die Bewegungen innerhalb der Mitgliedschaft registrieren konnte. 1964 existierten 16 Adoptionsgruppen. Das Wachstum der deutschen Sektion schritt bis 1968 sehr langsam voran. Mit den Studentenunruhen und den Notstandsgesetzen änderte sich das. 1969 hatte die deutsche Sektion bereits 133 Adoptionsgruppen. Mitte der 1970er Jahre war ai auf ca. 6550 Mitglieder und 2400 Förderer angewachsen. Diese waren 1974 bereits in 511 Gruppen organisiert (ebd., S. 219). Seit 1979 schwankte die Gruppenzahl zwischen 630 und 655 (Lange 1986, S. 135). In den

30 In den 1960er Jahren gab es zwei Möglichkeiten, Mitglied bei ai zu werden, entweder als ordentliches oder außerordentliches Mitglied. Ordentliche Mitglieder waren aktiv in einer Gruppe engagiert, außerordentliche Mitglieder waren Förderer, die einen bestimmten Beitrag an die Sektion zu leisten hatten (Claudius, Stepan 1976, S. 219). Heute wird in Gruppen- und Einzelmitglieder sowie in Förderer unterschieden.

1980er Jahren hatte ai 12.500 Mitglieder, die in 646 Gruppen organisiert waren (ebd., S. 135). Insgesamt ergibt sich bis 1983 hinsichtlich der Gruppenstärke der deutschen Sektion folgendes Bild (Abbildung 2, Lange 1986, S. 99):

Abbildung 2: Gruppenentwicklung der deutschen Sektion von ai bis 1983

Jahr	1966	1967	1968	1969	1970	1971	1972	1973	1974	1975	1976	1977	1978	1979	1980	1981	1982	1983
Gruppen-anzahl	25	49	57	133	336	238	387	460	511	550	533	614	620	655	642	645	630	646

Über die soziologische Struktur der deutschen Sektion lagen erstmals in den 1970er Jahren lokale Untersuchungen aus den Bezirken Köln und München vor. Danach bewegte sich das Durchschnittsalter der Mitglieder um 28 Jahre. Junge Menschen bis 25 waren stark vertreten. Gleichzeitig war in dieser Altersgruppe eine hohe Fluktuation zu verzeichnen. Am stabilsten zeigten sich die Altergruppen ab 35. Der Anteil der weiblichen Mitglieder betrug an der Basis knapp 50%. Auch als Funktionsträgerinnen waren mit knapp 40% Frauen als Bezirksfinanzreferentinnen und 33% als Bezirkssprecherinnen vertreten (Claudius, Stepan 1976, S. 224). Mitglieder mit akademischer Ausbildung oder einem höheren Schulabschluss überwogen: „Damit ist ai- und nicht nur in der BRD- auch im 15. Jahr ihres Bestehens, was sie von Anfang an war: eine Organisation, deren Mitgliedschaft sich hauptsächlich aus den intellektuellen Kreisen der bürgerlichen Mittel- und Oberschicht rekrutiert. Der breiten Masse der Bevölkerung, insbesondere den Werktätigen, bleibt der Zugang zu ai weitgehend versperrt“ (ebd., S. 224). Claudius und Stepan kommen zu dem Schluss, dass: „sich dies erst ändern würde, wenn es ai gelänge, nicht nur den politisch interessierten und gebildeten Bürger für die Menschenrechte und deren Verwirklichung zu interessieren, sondern auch den „Mensch auf der Straße“ (ebd., S. 224). Diese Erkenntnis blieb ohne Konsequenz. Ende der 1980er Jahre ließ ai durch das IMW Köln 615 ai-Mitglieder befragen und erhob bis heute letztmalig auch Daten zur soziologischen Struktur. Dabei zeigte sich erneut, dass ai-Mitglieder größtenteils über eine höhere Schulbildung verfügen. Ebenfalls wurde abgefragt, welche besonderen Fähigkeiten oder Fertigkeiten die Mitglieder besitzen, welche Fremdsprachen sie sprechen, über welche Hilfsmittel sie verfügen und ob sie andere Kontakte zu Verbänden, Vereinen oder Partei haben (Abbildungen 3 und 4, IMW Köln 1989, S. 10):

Abbildung 3: Befragung durch das IMW Köln "ai-Neue Mitarbeiter, Besondere Fertigkeiten", 1989

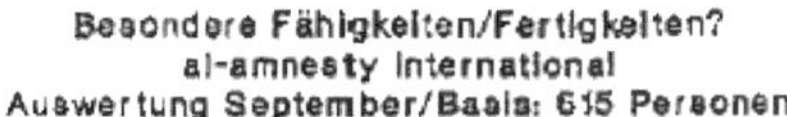

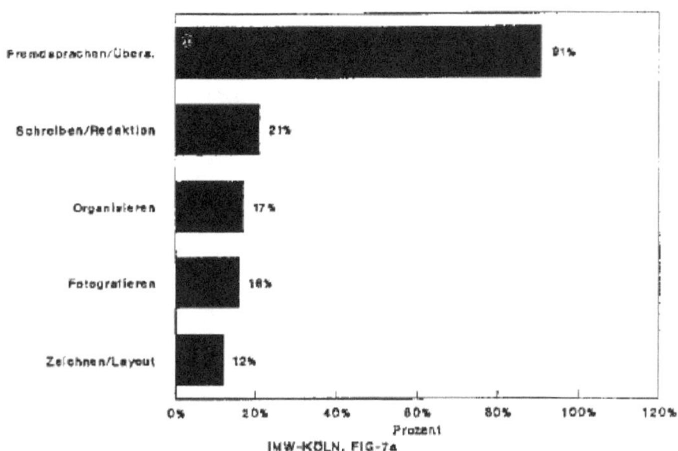

Abbildung 4: Befragung durch das IMW Köln "ai- Neue Mitarbeiter, Sprachkenntnisse", 1989

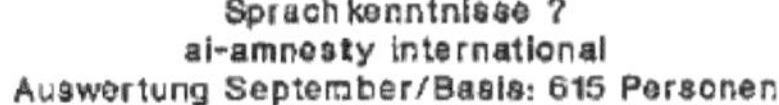

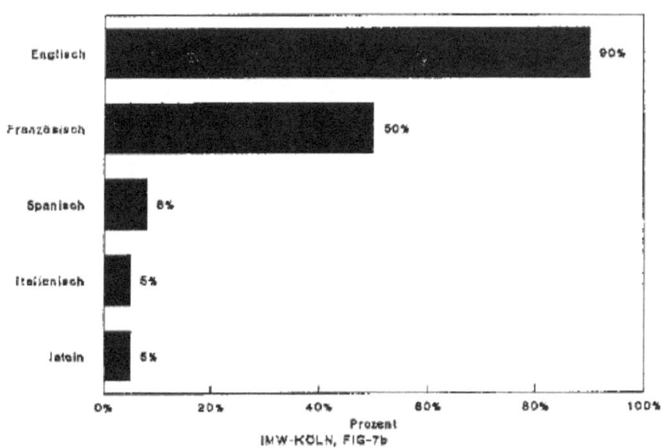

Die in der Erhebung von ai vorgegebenen Interessenschwerpunkte weisen auf die hohe Erwartungshaltung an die ehrenamtlichen

Mitlieder seitens von ai hin. Anhand der Ergebnisse lässt sich erkennen, dass ein großer Teil der Mitgliedschaft (90%) über englische Sprachkenntnisse verfügte. Die Studie lässt sich auch als eine Reaktion auf den geringeren Zulauf neuer Mitglieder seit Mitte der 1980er Jahre verstehen: „Während vor Jahren die Organisation sich kaum noch neuer Interessenten erwehren konnte und kaum genügend Adoptionsfälle aus London herbeigeschafft werden konnten, nagen heute einige Gruppen schon am Hungertuch. Jetzt gehen viele junge Leute, die etwas tun wollen, gleich zu den Grünen oder zu Solidaritätsgruppen" (Müller 1989, S. 100). Der Einbruch der Mitgliederzahlen in den 1980er Jahren hing mit einer veränderten politischen Kultur zusammen. Bis Mitte der 1970er Jahre hatte ai eine Monopolstellung für Menschen innegehabt, die nicht parteigebunden, aber dennoch politisch arbeiten wollten. Durch die Anti-Kernkraft-Bewegung, neue Bürgerinitiativen im Bereich des Umweltschutzes und die Friedensbewegung war eine neue Konkurrenz entstanden, der es gelang, Menschen an sich zu binden, die auch als potentielle ai- Mitarbeiter in Frage gekommen wären. Infolge der Friedens- und Hausbesetzerbewegung waren viele kritische Jugendliche zu den Grünen gegangen. ai gelang es in dieser Zeit nicht, neue, vor allem junge Mitglieder zu akquirieren: „Jutetaschen mit ai-Aufklebern gehören nicht mehr zu den vorzeigbaren Umhängseln. Sie sind nicht alle yuppies, aber dennoch nicht mehr mit dem Muff von langweiligen Vereinssitzungen, Polit-Kürzeln und den Moden ihrer Lehrer-Generation zu begeistern. Großen Organisationen, nicht nur den etablieren Parteien, stehen sie oft feindlich gegenüber und engagieren sich lieber in kurzfristigen Projekten oder Ein-Punkt-Bewegungen" (ebd., S. 100).

Erst mit den erweiterten Erfassungsmöglichkeiten durch die Computerisierung und die neuen Medien kann seit Mitte der 1990er Jahre von einer professionellen Erfassung und Archivierung der Mitgliederdaten bei ai gesprochen werden. Auch sind verschiedene organisationsinterne Analysen der Mitgliedschaftsstruktur unternommen worden. In den 1990er Jahren war ein langsamer Rückgang der Mitgliederzahlen zu verzeichnen, der aber weitgehend durch die Mitglieder aufgefangen wurde, die außerhalb einer Gruppe bei ai mitarbeiteten. In der deutschen Sektion wurde dieser Trend offenbar mit Sorge beobachtet. Davon zeugen verschiedene interne Untersuchungen zwischen 1990 und 1996, die nach Ursachen für den Mitgliederrückgang suchten und zu zwei zentralen Ergebnissen kamen: die deutsche Sektion sei in der Krise, da sie es nicht geschafft habe, auf veränderte Rahmenbedingungen rechtzeitig und angemessen zu reagieren. Basisdemokratische Entscheidungsstrukturen würden die Organisation lähmen. Zudem sei eine zeitintensive Gruppenarbeit mit den Bedürfnissen engagierter Menschen nicht mehr zu vereinbaren (ai 2000, S. 8). Im Ergebnis zeigt sich bei der Mitgliederentwicklung seit den 1990er Jahren ein Rückgang bei den Gruppengründungen, aber eine leichte Zunahme an Einzelmitgliedern: „Ehrenamtliche scheinen zunehmend mehr Interesse an einem Netzwerk zwischen Individuen zu haben als an gruppenzentrierten Arbeitsformen: gesellschaftliche Individualisierungstendenzen zeigten sich auch in der abnehmenden Anzahl der aktiven Gruppenmitglieder bei ai" (ebd., S. 8). Waren im Oktober 1998 noch 688 Gruppen aktiv (Abbildung 5, ai 1998, S. 4), zeigt die Mitgliederentwicklung der letzten fünf Jahre einen Rückgang auf 598 Gruppen (Abbildung 6, ai 2006 d, S. 1):

Abbildung 5: Mitgliedschaft der deutschen Sektion von ai 1998

Gruppen		
547 Adoptionsgruppen	-mitglieder 8.204	
70 Jugendgruppen	-mitglieder 605	
71 Länderkogruppen	-mitglieder 658	
Mitglieder		
Gruppenmitglieder insges.	9.467	
Einzelmitglieder insges.	5.837	
Förderer und Spender		
insgesamt	der Gruppen/Bezirke	der Sektion
Förderer 19.134	10.409	8.725
Spender 18.838	7.787	11.051

Abbildung 6: Mitgliederentwicklung der deutschen Sektion von ai 2001-2005

Mitgliederentwicklung der letzten 5 Jahre					
	2001	2002	2003	2004	2005
Absolute Zahlen					
Gruppen	558	544	528	518	509
Gruppenmitglieder	10.328	10.607	9.843	9.315	9.431
Jugendgruppen	168	152	112	103	89
Anzahl Einzelmitglieder	7.947	9.157	10.192	11.418	12.472
Anzahl Spender	22.372	20.174	20.441	21.132	20.807
Anzahl Förderer	27.987	29.508	30.831	36.785	42.056

2005 hatte ai in Deutschland 21.903 Mitglieder und 42.056 regelmäßige Förderer.

Die Gesamtzahl der Mitglieder stieg im Vergleich zu den Zahlen von 2004 um knapp fünf %. 57% der Mitglieder waren als Einzelmitglieder, 43% als Gruppenmitglieder registriert. Die Entwicklung in den einzelnen Bezirken verlief bei den Gruppenmitgliedern ungleich: in elf Bezirken nahm sie ab, die übrigen 32 Bezirke verzeichneten im Jahr 2005 eine Zunahme bis zu 68%. Einheitlicher war das Bild bei den Einzelmitgliedern: in zwei Bezirken nahm deren Zahl ab, in einem weiteren blieb sie konstant, in den verbleibenden 40 Bezirken nahm sie um bis zu 22% zu (ai 2006 d, S. 8). Die Entwicklung bei der Anzahl der Förderinnen und Förderer nahm im Schnitt um 3,7% in fast allen Bezirken ab. Die meisten Gruppenmitglieder gab es in den größten Städten und ihrem Umland. Im Schnitt hatte ein Bezirk 212 Gruppenmitglieder. Interessant für die Frage nach der gesellschaftlichen Implementierung der Organisation sind Ergebnisse der Berechnungen, wie viele Einwohner eines Bezirkes auf ein ai-Gruppenmitglied kommen. Hier fallen frappierende Unterschiede auf: während in den westdeutschen Bezirken etwa 6.000 bis 16.000 Einwohner auf ein Gruppenmitglied kommen, ist diese Zahl in den ostdeutschen Bezirken noch einmal deutlich höher. Sie rangiert hier zwischen 23.000 und 39.000. Die Bezirke in und um die größten deutschen Städte hatten auch die meisten Einzelmitglieder (ebd., S. 10). Die nach Einzelmitgliedern größten Bezirke waren Berlin-Brandenburg, München und Oberbayern, Köln, Hamburg und Frankfurt. Durchschnittlich hatte jeder Bezirk 282 Einzelmitglieder. Ein erneuter Blick auf die Einwohnerzahlen pro Einzelmitglied, um die gesellschaftliche Implementierung abzuschätzen, ergibt folgendes Bild: in den westdeutschen Bezirken kamen bis 12.000 Einwohner auf ein ai-Einzelmitglied, in den neuen Bundesländern bis 25.000 (ebd., S. 11). Insgesamt lässt sich ein Rückgang in der absoluten Anzahl der Gruppen und eine Stagnation bei der Anzahl an Gruppenmitgliedern feststellen. Auch die Anzahl an Spendern stagniert.

Der Vorstand von ai sieht diese Tendenzen offenbar mit Sorge und erarbeitete 2005 ein Papier mit dem Titel „Mehr Wachsen", in dem es heißt: „Gemessen jedoch an unserem hohen Ansehen, der Bekanntheit und der großen Glaubwürdigkeit haben wir verglichen mit anderen großen NGOs wenige Unterstützer und finanzielle Mittel. Der Vorstand möchte das große Potential, das es in Deutschland für ai und ihre Anliegen gibt, ausschöpfen, um damit mehr und wirksame Menschenrechtsarbeit machen zu können" (ai 2006 b, S. 1). Anja Mihr weist darauf hin, dass ai die größte Menschenrechtsorganisation der Welt sei, aber in Relation beispielsweise zu Deutschlands Bevölkerungszahl doch sehr wenige Mitglieder habe (Mihr 18.05.2006, S. 2).[31] Unter 1% der deutschen Bevölkerung ist bei ai organisiert. Im Bereich der Menschenrechtsorganisationen liegt ai jedoch weit vor den anderen im Bereich der Menschenrechte organisierten Verbände: die Internationale Gesellschaft für Menschenrechte hat 3.046 Mitglieder, die Humanistische Union 2000 Mitglieder (BMJ 2005, S. 13 ff.).

Zur aktuellen soziologischen Struktur der Mitgliedschaft liegen keine Daten vor. Aus den internen Mitgliederhandbüchern lässt sich jedoch schließen, aus welchen gesellschaftlichen Subgruppen ai gezielt versucht hat, Mitglieder zu rekrutieren: „Die Erfahrung hat gezeigt, dass Ärzte, Juristen, Kirchengemeinden und Gewerkschaften ai gegenüber häufig positiv eingestellt und bereit sind, für ai aktiv zu werden" (ai 1994, S. 130). Es zeigt sich der Anspruch der Organisation, ein elitär geprägtes Klientel anzusprechen, die aufgrund ihrer fachlichen Kompetenzen und ihrer Kontakte ai Expertenwissen zur Verfügung stellen konnten. Diese Berufsgruppen hätten besondere Erfahrungen, Interessen oder Einflussmöglichkeiten (ebd., S. 102).

Auf die Frage, warum es ai nicht gelänge, breitere gesellschaftliche Gruppen anzusprechen, bestätigt Anja Mihr, dass ai zwar Menschen aus allen gesellschaftlichen Schichten ansprechen wolle, aber die Vermittlung von Menschenrechten sehr komplex sei und ein gewisses Abstraktionsvermögen erfordere. Deshalb würden sich vor allem Menschen mit einer höheren Bildung bei ai engagieren. Auch ein religiöser Hintergrund sei als Motiv vorrangig bei den älteren Mitgliedern zu beobachten. Es stelle sich die Frage, wie ai Mitglie-

31 Zitat einem Interview mit der Autorin vom 18.05.2006 entnommen.

der aus allen gesellschaftlichen Schichten mobilisieren könne, auch die, die wenig Zeit für ein Engagement bei ai hätten (Mihr 18.05.2006, S. 3).[32]

Seit 2001 ist ein organisationsinterner Diskussionsprozess zu beobachten, der darauf abzielt, nach den Bedingungen zu fragen, die notwendig sind, um mehr Mitglieder zu akquirieren: „Will ai sich überhaupt ändern, will ai wirklich wachsen, andere und breitere gesellschaftliche Schichten und Gruppen erreichen und diese für Menschenrechtsarbeit interessieren und motivieren?“ (van der Veen-Wahabzada 2001, S. 245).

Unter dem Motto „Mehr Mitglieder für mehr Menschenrechtsarbeit“ ist 2005 von Seiten des Vorstands ein Prozess initiiert worden, um die Gewinnung neuer Mitglieder zu forcieren. Dabei sieht ai die besondere Attraktivität und Stärke der Organisation in „ihrer Präsenz der Gruppen vor Ort und den vielfältigen Aktionen der Mitglieder. Mit dem Wirken in der Fläche geben Mitglieder der Organisation ein Gesicht, machen die Organisation lebendig und erfahrbar. Daher ist es wichtig, dass wir uns vor Ort als offene Organisation präsentieren und neue willkommen heißen, ihnen konkrete Mitmach-Angebote präsentieren, die ihrer Lebenswirklichkeit entgegenkommen (z.B. zeitlich begrenzte Aktionen und niedrigschwellige Angebote). Für Gruppengründungen und die Stärkung der Gruppenarbeit gibt es bereits viele Konzepte und Ideen, die auf Umsetzung warten. Sie haben zum Ziel, dass Gruppen aktionsfähig bleiben und die ai- Arbeit weiter mitgestalten“ (ai 2006 b, S. 2). Diesen Formulierungen ist zu entnehmen, dass ai offenbar nicht als „offene“ Organisation wahrgenommen wird, die der Lebenswirklichkeit von Menschen entspricht. Es scheint eine Tendenz zu geben, sich breiteren gesellschaftlichen Gruppen öffnen zu wollen, um so die Zielsetzungen der Organisation des Jahres 2006 erreichen zu können: „In der täglichen Arbeit bedeuten mehr Unterstützer ganz konkret: mehr ehrenamtliche Unterstützer für erfolgreiche Gruppenaktionen, mehr Menschen, die sich per Internet oder Briefaktion für Gefangene einsetzen, mehr Mittel für die inhaltliche Arbeit, bei der wir als deutsche Sektion zunehmend auf eigene Ressourcen bauen (z.B. Folterdebatte in Deutschland), mehr Einnahmen, um besseren und schnelleren Service für die Mitglieder gewährleisten zu können, höhere Schlagkraft gegenüber politischen Akteuren und in den Medien, und generell mehr Multiplikatoren/innen für unsere Themen“ (ebd., S. 2).

---

32 Zitat einem Interview mit der Autorin vom 18.05.2006 entnommen.

Zusammenfassend lässt sich feststellen, dass ai in der Bundesrepublik Deutschland eine basisdemokratisch-orientierte Struktur mit einer weitgehend homogenen Mitgliedschaft aufgebaut hat, die sich von Beginn an hauptsächlich aus der Mittel- und Oberschicht rekrutierte. Insbesondere ab 1968 gelang es ai, personelle Ressourcen aufzubauen. In dieser Zeit nahmen sowohl die Mitgliederzahl als auch die Gruppengründungen signifikant zu. In den 1980er Jahren bekam ai „Konkurrenz" durch andere Bürgerinitiativen und die Grünen. Dies führte dazu, dass ai fortan langsamer wuchs. Seit Mitte der 1990er Jahre kämpft ai mit einer Abnahme bei den Förderzahlen der Bezirke, dem Rückgang in der absoluten Anzahl der Gruppen und einer Stagnation bei der Anzahl an Gruppenmitgliedern Dieser Trend könnte aber auch dazu führen, dass ai die elitär geprägte Denkweise, Mitglieder aus der Mittel- und Oberschicht zu akquirieren, schrittweise aufgeben muss, um ihr Bestehen zu sichern und ihre Arbeitsfähigkeit zu gewährleisten. In den Mitgliederhandbüchern der Organisation ist hinsichtlich der Akquirierung neuer Mitglieder die Tendenz erkennbar, gezielt eine elitär geprägte Klientel anzusprechen. Die organisationsinternen Anforderungen an die Mitgliedschaft führten dazu, dass sich insbesondere Menschen mit höheren Schulabschlüssen bei der Organisation engagierten. Das derzeitige Bestreben nach Wachstum könnte zu einem höheren Interesse und einer intensiveren Erforschung der soziologischen Struktur der Mitgliedschaft führen, die bislang nur unzureichend erforscht ist. Scheinbar wurde von der Sektion bisher nicht der Bedarf gesehen, die soziologische Struktur zum Untersuchungsgegenstand zu machen. Ob sich dies ändert, wird allerdings auch wegen des hohen bürokratischen Aufwandes von den personellen Bedingungen abhängen, die solchen Untersuchungen vorausgesetzt sind.

4.3. Die Entwicklung finanzieller Ressourcen

Die deutsche Sektion von ai, seit 1961 als gemeinnützige Organisation anerkannt und weitgehend von Steuern befreit, finanzierte ihre Arbeit von Beginn an aus Spenden von Privatpersonen und Mitgliedsbeiträgen. Die Aufgabe der Finanzbeschaffung lag lange Zeit vorrangig bei den ehrenamtlichen Gliederungen. Bis heute muss jede Gruppe einen jährlichen Betrag an die Sektion entrichten. Diese Finanzierungspraxis war und ist dem Unabhängigkeitsgrundsatz geschuldet, der dazu führt, dass ai keine Zuwendungen durch Regierungen akzeptiert und Regelungen für die Zuwendungen von

Privatpersonen, Institutionen oder Firmen getroffen hat. Größere Zuwendungen von Privatpersonen, Institutionen oder Firmen werden nur bis zu einer Grenze von maximal fünf % des jeweiligen Jahresbudgets zugelassen. Spenden, die dieses Limit übersteigen, werden entweder nicht angenommen oder zu 95% an die nächsthöhere Ebene, z.B. von einer nationalen Sektion an die internationale Sektion überwiesen. Auf diese Weise soll gewährleistet werden, dass die Arbeit von ai nicht beeinflusst oder durch die Reduzierung von Zuwendungen in ihrer Substanz gefährdet wird (ai 1996 b, S. 56). Auch die Spendenentwicklung wurde von Beginn an streng reglementiert. ai nahm keine zweckgebundenen Spenden an, wenn der Zweck nicht von ihr selbst bestimmt werden konnte. So sollte sichergestellt werden, dass finanzielle Unterstützung nicht die Arbeit der Organisation einseitig bestimmte oder verzerrte.[33] Aufgrund dieser strengen Reglementierungen speiste sich das Budget der Organisation neben den Mitgliederbeiträgen und Spendengeldern aus anderen Einnahmequellen, denen eine besondere Bedeutung zukam, insbesondere Sammlungen, Einnahmen aus dem Verkauf von Material, Erbschaften, Geldbußen, Zuwendungen von Institutionen und Erlösen aus Veranstaltungen (ebd., S. 56).

Die ersten zugänglichen Kassenberichte Anfang der 1970er Jahre weisen auf die nur in geringem Maß vorhandene professionelle Arbeitsstruktur hin. Personalkosten sind als eigenständiger Posten nicht aufgeführt, sondern unter „Sonstige Ausgaben" gefasst, das gesamte Budget lag bei 1.3 Millionen DM (Claudius; Stepan 1976, S. 241). Bis 1987 steigerte sich das Jahresbudget auf 8.8 Millionen DM. Mitgliederbeiträge, Fördergelder und Spenden machten ca. 7 Millionen DM aus, wobei kaum eine Spende über 2000 DM betrug. Demgegenüber betrugen die Personalkosten 1.7 Millionen DM (Müller 1986, S. 116). Bedingt durch die thematische Ausweitung in den 1990er Jahren, die größere finanzielle Ressourcen erforderte, wurde die Finanzbeschaffung Mitte der 1990er Jahre offensiver angegangen. Vorausgegangen war eine organisationsinterne Diskussion über die moralische Vertretbarkeit von professioneller Finanzbeschaffung, die den hohen moralischen Ansprüchen der Organisation nicht entsprach (ai 1998, S. 2). Ungeachtet dessen wurde 1994 ein offensiveres Erbschaftsmarketing in Form der Erstellung einer Erbschaftsbroschüre und der Bildung eines Notarnetzwerkes beschlossen. Trotzdem kam es 1997 zu einem Defizit von über 1 Million DM. Aufgrund dieses schlechten Ergebnisses wurde die zentrale Finanzbeschaffung deutlich verstärkt und eine zweite Stelle

33 Bis heute haben diese Regelungen Gültigkeit.

für Finanzbeschaffung im Generalsekretariat geschaffen. Eine Finanzanalyse von 1993 bis 1998 ergab, dass es 153 Gruppen nicht gelang, den festgesetzten Gruppenbeitrag zu erwirtschaften. Ende der 1990er Jahre stellte das Sekretariat fest, dass „fortgesetzter Wettbewerbsdruck unter den NGOs die Organisation zwingt, professioneller, je nach Zielgruppe vielleicht auch populistischer, emotionaler und direkter in direkten Finanzbeschaffungsmethoden zu werden. Grundvoraussetzung wird die stete Präsenz in der Öffentlichkeit sein" (ai 1998, S. 6). Eine „Wettbewerbsanalyse" mit anderen NGOs hatte gezeigt, dass die Positionierung im Wettbewerberumfeld hinsichtlich der Finanzen, der Aufmerksamkeit und der Zahl der Unterstützer unzureichend sei. Auch gegenüber kleineren NGOs wie z.B. Terre des hommes sei ai in bezug auf Spenden im Hintertreffen (Abbildungen 7-8, ai 2000, S. 6-7):

Abbildung 7: Spendenvergleich mit anderen NGOs 1998

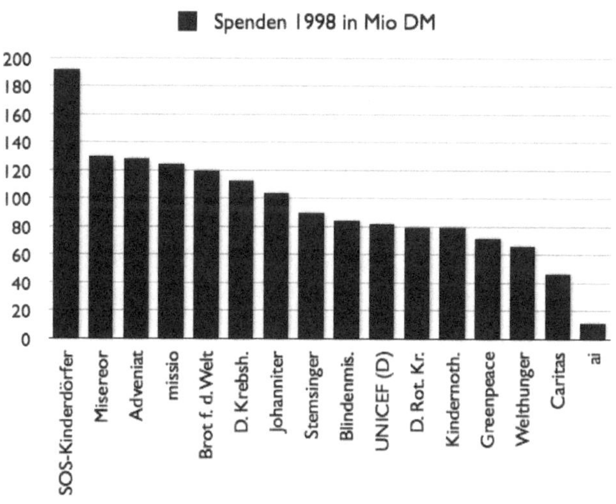

Abbildung 8: Spendenvergleich, 2. Teil

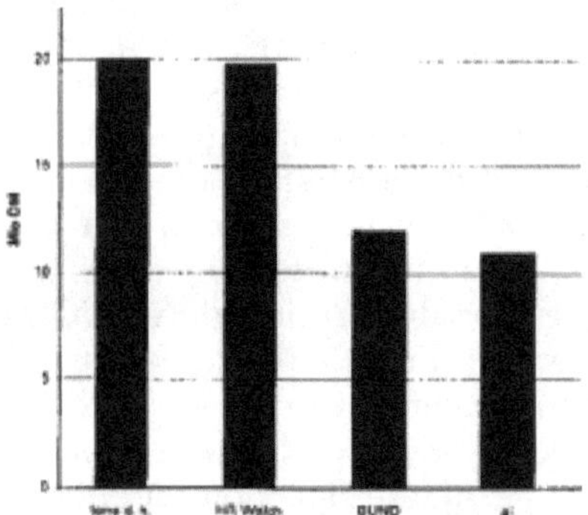

Der finanzielle Wettbewerbsdruck und die Stagnation im Spendenbereich führten 2003 auf der Jahresversammlung zu dem Beschluss, erstmals über die Firma „Dialog Direct" professionell Förderer einzuwerben.[34] Die Mitgliedschaft stimmte zunächst nur einem Testlauf zu. Kritiker befürchteten einen massiven Glaubwürdigkeitsverlust, würden ai-Externe für die Organisation werben. Als sich die Kooperation mit „Dialog Direct" als erfolgreich erwies, beschlossen die Mitglieder 2004 diesen als dauerhafte Maßnahme. Volkmar Deile bewertet die Zusammenarbeit mit „Dialog Direct" positiv und weist auf die Möglichkeit der Mobilisierung neuer gesellschaftlicher Gruppen hin: „wenn ich jetzt das Beispiel Direktdialog nehme, der für Leute, die eine selbstbewusste nicht allein spaßbetonte Organisation vertreten, eine schwierige Angelegenheit ist, ist er ja sehr erfolgreich. Er zeigt, dass die Anzahl der Spender und Förderer dadurch eindeutig zunimmt. Das zeigt, dass ai mit seinen bisherigen Aktionsmethoden und der Öffentlichkeitsarbeit erreichbare Schichten und Menschen nicht mobilisiert hat. Aber sie sind da, ansprechbar. Mir wäre es natürlich lieber gewesen, wenn die Mitglieder von ai selber diesen Effekt ausgelöst hätten" (Deile 22.05.2006, S. 2).[35]

Um die Arbeit von ai finanziell und ideell weiter abzusichern und die Unabhängigkeit der Organisation zu bewahren, wurde Ende

34 „Dialog Direct", 2002 gegründet ist ein internationales Fundraisingunternehmen mit Sitz in Berlin, das Spendenanwerbung und Spenderbetreuung übernimmt. Die Methode, mit deren Hilfe die Firma arbeitet, nennt sich „Direktdialog". Geschulte Personen sprechen auf der Strasse gezielt Personen an, um Spenden einzuwerben (Dialog Direct, 24.07.2006).

35 Zitat einem Interview mit der Autorin vom 22.05.2006 entnommen.

Mai 2003 in Berlin die "Stiftung Menschenrechte - Förderstiftung amnesty international" mit Sitz in Berlin gegründet:[36] „Das Besondere an der neuen Stiftung ist, dass diese ausschließlich zu Menschenrechtsthemen arbeitet" (Zyber 2003, S. 25). Acht Erststifter, darunter Carola Stern, die ehemalige Öffentlichkeitsreferentin des Bezirks Berlin-Brandenburg, Helga Barten, sowie die IG Metall, stellten das Startkapital von 67.000 Euro zur Verfügung. Der IG Metall-Vorsitzende Klaus Zwickel begründete das Stiftungsengagement mit der besonderen Gefährdung von Gewerkschaftlern, Opfer von Menschenrechtsverletzungen zu werden: „Überall auf der Welt werden Gewerkschafter verfolgt. Seit Jahren arbeiten wir für ihren Schutz eng mit ai zusammen. Deshalb war es auch keine Frage, mit unserer Spende die Gründung der Stiftung mit zu ermöglichen" (ebd., S. 25).

Die Stiftung hat ihr Kapital im ersten Geschäftsjahr von rund 100.000 Euro durch die Übertragung der ehemals eigenständigen „Konrad-Hirsch-Stiftung" auf die „Stiftung Menschenrechte" auf 1.05 Mio. Euro erweitert. 2005 überwies die Stiftung Menschenrechte 34.500 Euro an die deutsche Sektion von ai (ai Journal intern 01/06, S.4).

In der Betrachtung der Finanzentwicklung von ai in den letzten fünf Jahren zeigt sich, dass mehr als die Hälfte der Einnahmen auf Beiträgen von Förderern und Mitgliedern beruhen. Das Vereinsvermögen beläuft sich derzeit auf ca. 2,9 Mio. Euro. Die höchsten Ausgaben hat ai im Bereich Öffentlichkeitsarbeit und Personalkosten (Abbildung 9, Deutsche Warentreuhand IBDO Bericht 2005, S. 13):

---

36 laut Satzung sind Vorhaben förderungswürdig, die einen engen Bezug zur Menschenrechtsarbeit von ai aufweisen. Dazu gehören: Unterstützung von Flüchtlingen, politischen Gefangenen, Opfern der Folter und anderen Opfern von Menschenrechtsverletzungen sowie deren Angehörigen; Ermittlung (Recherche) und Veröffentlichung von Menschenrechtsverletzungen; Beobachtung von Prozessen; Aktionen und Kampagnen für den Schutz der Menschenrechte; Unterstützung der Arbeit von Menschenrechtsverteidigerinnen und- verteidigern und von NGOs, die für den Schutz der Menschenrechte arbeiten; Maßnahmen der Menschenrechtserziehung; Erstellung und Publikation von Untersuchungen, die der Durchsetzung aller Menschenrechte, wie sie in der Allgemeinen Erklärung der Menschenrechte niedergelegt sind, dienen (Stiftung Menschenrechte 02.08.2006).

Abbildung 9: Wirtschaftliche Entwicklung der deutschen Sektion von ai 2001-2005

	2005	2004	2003	2002	2001
	T€	T€	T€	T€	T€
Einnahmen/Erlöse					
Beiträge/Spenden	8.163	7.667	7.120	7.040	6.572
Geldbußen	920	167	314	210	276
Sammlungen	124	131	136	154	166
Verkauf von Info, Werbe- und Drittmaterial	295	284	344	308	342
Erbschaften	358	501	826	864	430
Sonstiges	109	68	70	79	141
	9.969	8.818	8.810	8.655	7.927
Bestandsveränderung	-15	-2	3	13	-23
Ausgaben/ Aufwendungen					
Sekretariat London Beiträge/Sonderzahlungen	2.963	2.736	2.465	2.373	2.381
Betreuung von Gefangenen/Asylsuchenden	112	89	65	57	69
Öffentlichkeitsarbeit	2.038	2.031	1.570	1.518	1.883
Personalkosten	2.926	2.864	2.809	2.666	2.970
Mieten/Raumkosten	366	368	372	339	330
Porti/Telefon	344	355	367	412	435
Büromaterial	63	70	81	80	92
Sonstiges	693	700	709	763	703
	9.505	9.213	8.438	8.208	8.863
Jahresergebnis	449	-397	375	460	-959

2005 gewann die Organisation 507 Förderer (ai 2006 c, S. 1).[37] Eine bessere Ausschöpfung der finanziellen Ressourcen wird derzeit untersucht. Zwischen Oktober und Dezember 2005 befragte der Vorstand dazu die Gruppen hinsichtlich ihrer Finanzbeschaffung. Im Ergebnis zeigte sich, dass eine große Mehrheit der Gruppen (65%) der Finanzbeschaffung eine geringere Priorität als der inhalt-

37 ohne die Maßnahme Direkt-Dialog mit einzubeziehen.

lichen Arbeit zumisst (ai 2005, S. 1). Als wichtigste Einnahmequellen wurden Förderer und Spenden genannt. Nachrangig seien Einnahmen aus Veranstaltungen und Sammlungen. Als irrelevant wurden Bußgeldakquise, Mailings und Unternehmensspenden benannt. Besonders bei der Bußgeldakquise durch Mailings und Kontaktpflege mit örtlichen Gerichten und Richtern läge ein großes Potenzial für die Finanzbeschaffung. Sach- und Geldspenden von Unternehmen würden von den Bezirken und Gruppen kaum akquiriert (ebd., S. 2). Erbschaftsfundraising als Finanzbeschaffungsform würde hauptsächlich über Broschüren an den Infoständen beworben und Aktives Erbschaftsfundraising über Erbschaftsabende oder Notarnetzwerke kaum betrieben. Die Unterstützerbetreuung fände in Gruppen und Bezirken hauptsächlich durch Dankesbriefe statt. Die Unterstützerdaten würden bei einem Drittel der Bezirke und der Hälfte der Gruppen nicht gespeichert. Selten würden Unterstützerdaten an das Sekretariat weitergegeben, um sie hier in das zentrale Finanzbeschaffungssystem mit einzubeziehen (ebd., S. 3).

Zusammenfassend lässt sich feststellen, dass die Organisation bis Mitte der 1990er Jahre ihre Finanzbeschaffung nicht zentral, sondern über die ehrenamtliche Basis organisierte. Mit abnehmender Gruppenstärke musste die Organisation hinsichtlich ihrer Finanzbeschaffung neue Konzepte entwickeln. Dies führte zu einer stärkeren Zentralisierung und Professionalisierung der Finanzbeschaffung bei der Einwerbung von Förderern und Spenden über die Firma Direktdialog und der Gründung einer ai-nahen Stiftung. Auch das seit Mitte der 1990er Jahre offensiver angegangene Erbschaftsmarketing ist ein Hinweis auf eine Professionalisierung durch die systematische Erschließung neuer Finanzquellen.

4.4. Die Entwicklung medien-und öffentlichkeitsbezogener Ressourcen

Eine enge Verbindung zwischen der deutschen Sektion von ai in der Bundesrepublik Deutschland und den Medien wurde bereits bei der Gründung sichtbar. Von den Gründungsmitgliedern waren sieben als Journalisten oder Publizisten tätig (Gesterkamp, Neumann 2001, S. 169). Die beruflichen Kompetenzen und persönlichen Kontakte der Gründungsmitglieder reichten aus, um die Pressearbeit der deutschen Sektion zu gewährleisten. Bis 1968 hatte die deutsche Sektion keinen hauptamtlichen Pressereferenten. Die Resonanz auf ai in der Bundesrepublik Deutschland war in den ersten Jahren sehr gering: „als der Schriftsteller Reimar Lenz zu Weihnachten 1963 eine längere Reportage über ai in der Jugendillustrierten „twen" veröffentlichte, die schätzungsweise 700.000 Leser hatte, erhielt die Redaktion daraufhin nur einen Brief. Die Deutschen erwarteten Hilfe von der ganzen Welt, doch anderen zu helfen, kam ihnen nicht in den Sinn" (Stern 1982, S. 30). Das änderte sich 1968, als der Vorstand beschloss, mit dem Aufbau einer kontinuierlichen Pressearbeit zu beginnen. Die Journalistin Ingeborg Esterer wurde die erste hauptamtliche Pressereferentin. Sie übernahm in der damaligen Geschäftsstelle in Hamburg zwei Aufgaben: von September 1968 an arbeitete sie kontinuierlich an der Erstellung und Herausgabe regelmäßiger Pressemitteilungen, auf die Nachrichtenagenturen zurückgreifen konnten. Darüber hinaus koordinierte sie die bereits seit 1966 zunächst ehrenamtlich organisierte Herausgabe eines Rundbriefes, der zunächst notwendige ai-interne Informationen für die Mitglieder enthielt, aber ab 1973 auch extern als Journal herausgegeben wurde (ebd., S. 172). [38] 1969 zeichnete sich ein weiterer Schritt in Richtung einer Etablierung von ai in den Institutionen der Nachrichtenmedien ab. Erstmals wurden Pressemitteilungen der Organisation als eigenständige Meldungen in nationalen und internationalen Nachrichtenagenturen berücksichtigt. Die Veröffentlichung des Jahresberichtes im Juni 1969 wurde in der Frankfurter Rundschau (FR) mit einer Kurzmeldung registriert, in der als Quelle United Press International (UPI) angegeben war. Die Süddeutsche Zeitung (SZ) nannte in einer nahezu identischen Meldung die Deutsche Presseagentur (DPA) als Quelle. Die Erklärung von ai zum Abschluss der Internationalen Ratstagung in Genf im September 1969 fand sich wiederum als Meldung im Dienst von UPI wieder (Lange 1986, S. 110). Was sich hier als Tendenz abzeichnete, hatte für die Präsenz von ai in den Medien langfristig positive Folgen. Die Tatsache, dass es der Organisation gelang, in den Diensten der Nachrichtenagenturen berücksichtigt zu werden, bedeutete einen Beweis für Glaubwürdigkeit und Seriosität. Außerdem war die Berichterstattung über die Aktivitäten der internationalen Organisation von ai nicht mehr zwangsläufig auf jene Zeitungen beschränkt, die über ein ausreichend ausgebautes Korrespondenznetz verfügten. Zumindest die DPA-Meldungen erreichten nahezu jede Tageszeitung

38 Vorbild für den Rundbrief war der durch das Internationale Sekretariat seit Juni 1961 herausgegebene Rundbrief „amnesty", der alle vierzehn Tage erschien. Ab Januar 1962 folgte das vierteljährlich erscheinende amnesty-Journal. In den Monaten, in denen diese Publikation nicht erschien, wurde die „amnesty news" herausgegeben. Bis Februar 1967 änderte die ai-Zeitschrift insgesamt sechs mal Titel und Erscheinungsweise (Lange 1986, S. 93).

der Bundesrepublik Deutschland unabhängig von ihrer personellen und finanziellen Ausstattung (ebd., S. 110). ai war nicht mehr nur Gegenstand der Berichterstattung, sondern eine eigenständige Informationsquelle geworden.

Ab 1972 ließ sich eine weitere bedeutsame Tendenz beobachten: die Organisation ai wurde, wenn Pressemitteilungen von ihr als Nachrichten erschienen, nicht mehr erläutert. Der Bekanntheitsgrad von ai wurde inzwischen von den Journalisten offensichtlich so hoch eingeschätzt, dass die Organisation meist nur noch mit dem Zusatz „Gefangenenhilfsorganisation" gekennzeichnet wurde (ebd., S. 119). Diese Tendenzen waren Ergebnis einer immer offensiveren Öffentlichkeitsarbeit, die sich auch an der Entwicklung der Pressestelle erkennen ließ. Im Oktober 1974 nahm der Journalist Dieter Brumm seine Tätigkeit als erster festangestellter Pressesprecher der deutschen Sektion von ai auf (ebd., S. 122). Die Presseabteilung professionalisierte sich und baute eine bis heute erkennbare Struktur auf. Wichtigstes Instrument waren die Pressemitteilungen. Um die Pressemitteilungen zu „kanalisieren", wurden seit den 1980er Jahren differenzierte und themenabhängige Verteiler aufgebaut, die mehrere 100 Redaktionen, freie Journalisten und Korrespondenten beinhalten. In den Pressemitteilungen von ai wurde der Nachrichtenstil in Sprache und Aufbau adaptiert. Damit entsprachen diese weitgehend den professionellen Standards der Journalisten.[39] Diese Annäherung an den Nachrichtenjournalismus hatte aber auch zur Folge, dass auf kommentierende Wertungen weitgehend verzichtet wurde.

Gleichzeitig baute ai eine ehrenamtliche Pressearbeit auf. In der Regel hatte jeder Bezirk einen ehrenamtlichen Pressereferenten, der die Pressekontakte der Gruppen koordinieren sollte. Die Kontakte zu den überregionalen Medien wurden vom Pressesprecher im Nationalen Sekretariat wahrgenommen. Die ehrenamtliche Pressearbeit wurde von Beginn an strikt reglementiert: „Die Gruppe sollte ihre Medienarbeit auf den Aufgabenbereich der Gruppe beschränken und auf keinen Fall ohne Absprache mit der Koordinationsgruppe und dem Sektionsvorstand allgemeine politische Stellungnahmen oder Nachrichten veröffentlichen. Öffentliche Erklärungen dürfen sich nur auf Sachverhalte beziehen, die in das Aufgabengebiet der Organisation fallen und müssen den Politikrichtlinien entsprechen" (ai 1994, S. 122). Auch wurden von den ehrenamtlichen

39 Nach dem Leadsatz folgt eine kurze allgemeine Darstellung des Sachverhaltes, beispielsweise der Menschenrechtssituation in einem Land. Anschließend folgen mehrere Einzelfälle, die beispielhaft herausgestellt werden (Lange 1986, S. 149).

Pressereferenten auffallend hohe Qualifikationen verlangt: „Die Pressereferenten sollen in der Lage sein, Nachrichten aus der Gruppenarbeit so zu formulieren, dass sie von den Medien gern gebracht werden. Die Pressereferenten sollten möglichst gute, persönliche Beziehungen zu allen Medien ihres Bereiches bereits haben oder anknüpfen und ausbauen. Sie sollten die Gruppen ihres Bezirkes zur Berichterstattung in der Öffentlichkeit ermutigen und sie bei der Formulierung unterstützen" (ai 1976, S. 22). Auch hier lässt sich, wie bei den Länderkoordinationsgruppenmitgliedern, feststellen, dass ai gezielt Personen zu rekrutieren versuchte, die über eine beträchtliche Qualifikation und eine hohe gesellschaftliche Teilhabe verfügten.

Seit Ende der 1970er Jahre nahm die Zahl der Zeitungsmeldungen kontinuierlich zu, in deren Überschriften die Organisation nur noch mit den Kürzeln „amnesty" oder „ai" erwähnt wurde. 1977 wurde ai der Friedensnobelpreis verliehen. Ab da an ließ sich eine durchgängig positive Einschätzung der Organisation durch die Presse in der Bundesrepublik erkennen. Es gab keine Pressemitteilung der deutschen Sektion, die nicht von mindestens einer Tageszeitung aufgegriffen wurde (Lange 1986, S. 142).

Seit Ende der 1980er Jahre stellte sich das Verhältnis zwischen ai und den Medien in der Bundesrepublik Deutschland „partnerschaftlich" dar: „selbst wenn keine Presseerklärung herausgegeben wird, erkundigen sich Journalisten im Vorfeld von Staatsbesuchen nach der Menschenrechtssituation in dem jeweiligen Land" (ebd., S. 143). ai war in das System der öffentlichen Kommunikation eingebunden und lieferte Informationen zu einem Bereich, der von den Medien aus Gründen ihrer strukturellen Defizite nicht ausreichend wahrgenommen werden konnte. Für diese permanente Präsenz in der Presse musste ai aber auch einen politischen Preis zahlen. Ihre Glaubwürdigkeit und ihr öffentliches Ansehen hingen auch davon ab, dass sie Tabuzonen außerhalb des herrschenden öffentlichen Konsenses nicht dauerhaft überschritt. In der Konsequenz bedeutete dies, dass ai zu politischen, ökonomischen und kulturellen Hintergründen für Menschenrechtsverletzungen weitgehend keine Stellung bezog (Lange 1986, S. 179). Ende der 1980er, Anfang der 1990er Jahre, auch bedingt durch die fortschreitende Technisierung, ließ sich ein weiterer Professionalisierungsschub erkennen. Die Presseabteilung baute Datenbanken auf, in die sich Journalisten seither zu speziellen Menschenrechtsthemen eintragen können. Parallel dazu wurde die Versorgung der Korrespondenten deutscher Medien in aller Welt systematisiert, um unabhängige, nicht politisch gefärbte

Informationen anbieten zu können. 1995 titelte der Spiegel „Politik von unten: Greenpeace, Amnesty & Co. Die Macht der Mutigen" und widmete den neuen „Hoffnungsträgern" gleich eine ganze Sonderausgabe (Spiegel Special 1995 S. 93-95). Damit hob das größte deutsche Nachrichtenmagazin zugleich auf der Titelseite die exponierte Position der beiden bekanntesten NGOs, ai und Greenpeace, heraus. Zwei Jahre später, 1997, ging die deutsche Sektion mit ihrem ersten Internetauftritt „online".

2001 zog die Sekretariatsumstrukturierung auch Veränderungen für die Presseabteilung nach sich. Aus der Abteilung für Öffentlichkeitsabteilung wurde die Abteilung für Kommunikation und Kampagnen.[40] Dieser Terminus deutete eine neue Dimension von Öffentlichkeitsarbeit an. Die damalige Leiterin der Öffentlichkeitsarbeit in der deutschen Sektion, van de Veen-Wahazada, hatte kurz zuvor einen Zusammenhang zwischen der „zurückhaltenden Öffentlichkeitsarbeit von ai" und dem „eher schwachen Profil in der Öffentlichkeit" festgestellt. ai hätte zwar unter den Journalisten, politischen Entscheidungsträgern und laut Umfragen auch bei der allgemeinen Öffentlichkeit einen hervorragenden, seriösen Ruf, aber der Großteil der Bevölkerung wisse nicht, was die Organisation eigentlich genau mache (van der Veen-Wahabzada 2001, S. 239). Dies sollte sich mit der neuen Abteilung ändern, die derzeit aus insgesamt 15 Mitarbeitern besteht. Sie gibt das ai-Journal heraus, das 2003 eine Auflage von 48000 Exemplaren und 1800 Abonnementen hatte. Die Auflage ist 2005 auf 65000 Exemplare und 2100 Abbonementen angestiegen. Die Pressestelle hat drei festangestellte Mitarbeiter, einen Pressesprecher mit einer vollen Stelle, eine Pressesprecherin und eine Assistentin mit jeweils einer halben Stelle.[41] Sie führt eine Medienbeobachtung durch und erstellt wöchentlich Protokolle der Pressearbeit, in der auch die Presseanfragen statistisch erfasst werden. Mithilfe dieses Instruments wird die Berichterstattung über ai und menschenrechtsrelevante Themen beobachtet. Insbesondere ist für die Organisation von Interesse, welches Gewicht sie als eigenständige Informationsquelle in den deutschen Medien hat. Zu diesem Zweck erstellte ai mit Unterstützung von „Media Tenor" erstmals eine differenzierte Medienanalyse über einen mehrjährigen Zeitraum. Im Zeitraum von Januar 2001 bis August 2005 wurde untersucht, wie oft ai in der Berichterstattung im Vergleich mit anderen Menschenrechtsorganisationen genannt wird und mit

---

40 Die Abteilung heißt mittlerweile wieder „Öffentlichkeitsarbeit".

41 Angaben der E-Mail-Antwort der Pressestelle von ai vom 27.05.2006 entnommen.

welchen Themen ai der Sprung in die Medien gelingt.[42] Die Ergebnisse zeigen, dass ai als eine wichtige und seriöse Informationsquelle etabliert ist. In der deutschen Berichterstattung wird die Organisation mit einem eindeutigen Abstand als Informationsquelle vor anderen Menschenrechtsorganisationen genannt. Generell sei es problematisch, eine längere und nachhaltige Berichterstattung hinsichtlich von Menschenrechtsthemen zu erreichen. Die Medien würden sich vorrangig auf Menschenrechtsverletzungen konzentrieren. Ein generelles Medieninteresse an Menschenrechten sei nicht vorhanden. Für die Organisation sei es schwierig: "to put a pressing human rights issue on the media agenda, especially if the issue is not already on the political agenda in general." Erschwerend komme hinzu, dass aufgrund der steigenden Anzahl von NGOs der mediale Wettbewerb zunehmen würde (Abbildungen 10-12, Beeko, Bartelt 2005, S. 62):

42 Media Tenor ist ein Institut für Medienanalysen mit Sitz in Lugano (Schweiz), gegründet 1994. Nach eigenen Angaben beschäftigt die Firma zur Zeit weltweit 225 Analysten. Büros befinden sich in Bonn, New York, London, St. Petersburg, Ostrava, Pretoria und Windhoek. Das Institut untersucht mit der Methode der Inhaltsanalyse den Politik- und Wirtschaftsteil der tonangebenden Tageszeitungen, Wochenmedien und Fernsehnachrichtensendungen. Die Zielsetzung von Media Tenor war:"analysing strengths, weaknesses and opportunities in its aim to put human rights on the agenda, with a special focus on the German media"(Media Tenor, 24.07.2006).

Abbildung 10: Medienanalyse ai in den deutschen Medien

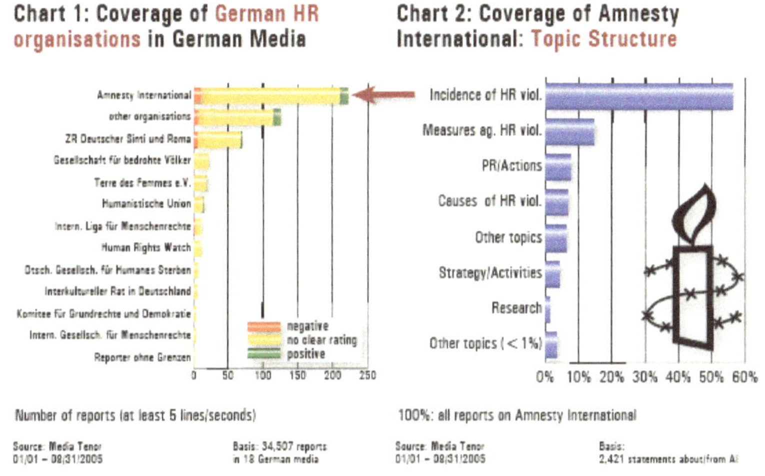

Abbildung 11: Medienanalyse der NGOs in der Bundesrepublik Deutschland

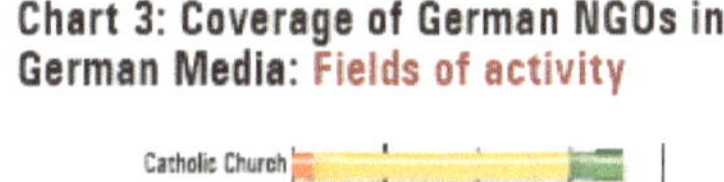

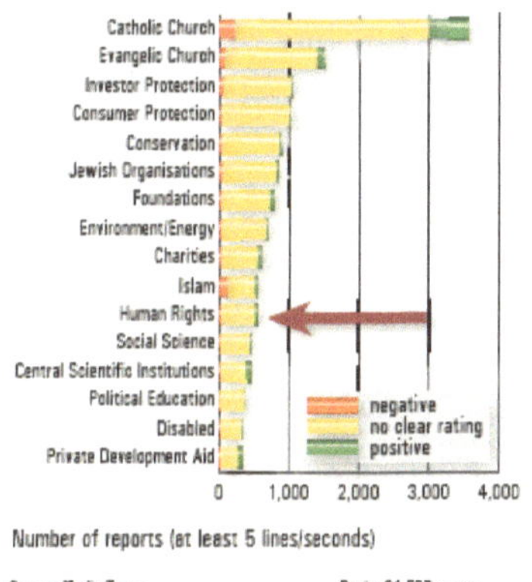

Eine weitere Analyse aus dem Jahr 2004 zeigt, dass die Arbeit von ai im Wettbewerb um die mediale Aufmerksamkeit kaum Niederschlag in den Medien fand. ai wurde weitaus seltener in den Medien genannt als beispielsweise Greenpeace. Allerdings gab es auch keine Negativberichterstattung über die Organisation (Abbildung 12, ebd., S. 63).

Abbildung 12: Medienanalyse: Berichterstattung NGOs in der Bundesrepublik Deutschland 2004

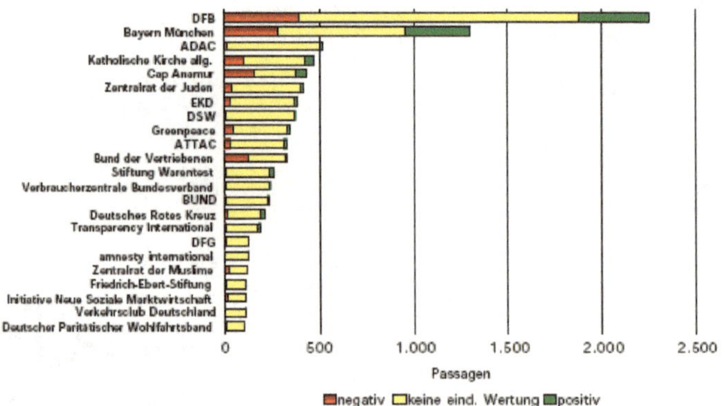

Diese Ergebnisse sind insofern überraschend, als dass die Öffentlichkeitsarbeit bei ai seit Ende der 1990er Jahre eine größere Gewichtung erfahren hat und eine Tendenz hin zu einer offensiveren Öffentlichkeitsarbeit erkennbar ist. Beispiele hierfür sind der ai- Menschenrechtspreis und die Kampagne „du kannst“ der deutschen Sektion. Mit dem ai- Menschenrechtspreis zeichnet die deutsche Sektion der Menschenrechtsorganisation seit 1998 alle zwei Jahre Persönlichkeiten aus, die sich für die Menschenrechte einsetzen. Der Preis ist mit 7.500 Euro dotiert, die von der „Stiftung Menschenrechte/Förderstiftung amnesty international“ bereitgestellt werden. Mit dem Preis soll das Engagement von Menschen gewürdigt werden, die sich für Menschenrechte einsetzen. Ferner soll ihre Arbeit in der Öffentlichkeit bekannt gemacht werden. Der Preis wird jedes Mal von einem anderen Künstler gestaltet. Die Veranstaltungen, bei denen der Preis überreicht wird, gleichen Galaveranstaltungen, die zunehmend von Prominenten besucht bzw. moderiert und unterstützt werden. Finanziert wird die Veranstaltung durch Sponsoren aus der Industrie (wie beispielsweise „Lufthansa“ oder „Deutsche Post“), den Medien („Radio 1“, „Brigitte“) und anderen gesellschaftlichen Bereichen (ai Journal 04/06, S.24 ff.). Die normative Aufwertung der Menschenrechte in Form des Symbols eines Menschenrechtspreises und die gezielte Instrumentalisierung von Menschen mit Vorbildsfunktion (Prominente) und einer offensichtlichen gesellschaftlichen Integration (in Form von Sponsoren) sind Teil der gezielten medialen Steuerungsleistung von ai. Die Herstellung von Öffentlichkeit durch die Verleihung des Menschenrechtspreises betont Christoph Strässer: „gerade hat ai seinen Menschenrechtspreis verliehen an eine Aktivistin aus Bangladesch zur Frage der Säureattentate und ich kann sagen, dieses Thema wäre für uns „Experten" kaum bekannt geworden. Und von daher ist auch diese aufklärerische Funktion, die in diesen Aktivitäten liegt, für uns ganz besonders wichtig, weil wir eben bestimmte Bereiche einfach nicht mitbekommen" (Strässer 12.05.2006, S. 2).[43] Einen anderen Aspekt, die Vermittlung eines modernen Images, macht Hugh Williamson, Redakteur bei der Financial Times Deutschland, deutlich: „Ich erinnere mich an den deutschen Menschenrechtspreis im März 2006, der sehr zur Medienresonanz beigetragen hat. Das war ein Versuch, ein hochkarätiges Event zu organisieren, um das Image von ai in den Medien zu beeinflussen, damit sie eine größere Akzeptanz haben und eine gewisse Resonanz bei anderen Schichten in der Gesellschaft bekommen. Nicht nur bei „Gut-Menschen", nicht nur bei Leuten, die jeden Tag an Menschenrechtsverletzungen denken, sondern auch bei Leuten, die Zeitschriften wie Gala lesen. Ich war da und neben mir saß eine Journalistin von Gala. Eine Zeitschrift die gar nichts mit ai zu tun hat, aber präsent war, weil einige Stars da waren" (Williamson 19.05.2006, S. 1).[44] Die Öffentlichkeitsarbeit scheint in eine neue Richtung zu gehen: „Ich kenne den Pressesprecher gut und andere Leute in der Presseabteilung und mein Eindruck ist, dass das relativ neu ist. Das ist viel Arbeit für ai und deshalb auch politisch ein bisschen umstritten, weil es Ressourcen in diese Richtung lenkt, weg von der ganz normalen alten amnestyarbeit" (ebd., S. 1).[45] Eine offensivere Form der Öffentlichkeitsarbeit wurde intern bereits seit Ende der 1990er Jahre diskutiert. 1998 war das Sekretariat in einer internen Bewertung zu dem Schluss gekommen, dass es generell schwierig sei, eigene ai-Themen in den Medien zu platzieren, da ai zu selten provozierende Statements oder medienwirksame Bilder liefern könne. Auch in den Boulevardmedien sei ai unzureichend vertreten (ai 1998, S. 22). Wie problematisch es für ai ist, sich in den Medien zu platzieren, zeigt Anja Mihr auf. Sie erinnert sich daran, dass während des Abu-Ghraib-Skandals Medienvertreter bei ai anriefen, weil sie vermuteten, ai hätte die Bilder veröffentlicht. Dies entspräche aber weder der Arbeitsweise von ai, noch habe ai einen Zugang zu dem Gefängnis erhalten (Mihr 18.05.2006, S. 8).[46]

43 Zitat einem Interview mit der Autorin vom 12.05.2006 entnommen.

44 Zitat einem Interview mit der Autorin vom 19.05.2006 entnommen.

45 Zitat einem Interview mit der Autorin vom 19.05.2006 entnommen.

46 Zitat einem Interview mit der Autorin vom 18.05.2006 entnommen.

Zusammenfassend lässt sich feststellen, dass sich ai in den vergangenen 45 Jahren zu einer speziellen Nachrichtenagentur auf nichtkommerzieller Basis entwickelt hat. Mit ihren Informationen ist es ai gelungen, ein strukturelles Defizit in den etablierten Medien zu identifizieren und zu schließen. Die Qualitätssicherung der Informationen wurde von Beginn an durch das bei ai praktizierte Prinzip gewährleistet, dass eine Quelle erst dann als gesichert gilt, wenn sie von zwei unabhängigen Quellen bestätigt wurde. Durch ein mittler weile weit verzweigtes Informationsnetzwerk, das auf den wissensbasierten Ressourcen der Organisation basiert, verfügt ai über Informationsquellen, die kein Medium für sich allein hätte aufbauen können. Problematisch ist für die Öffentlichkeitsarbeit der Organisation, dass es ihr nur schwer gelingt, eigene Themen in den Medien zu platzieren, weil ihr provozierende und medienwirksame Bilder fehlen. Es zeigt sich in der Öffentlichkeitsarbeit seit Ende der 1990er Jahre eine Veränderung in Richtung einer offensiveren Arbeit, die sich bemüht, breitere Zielgruppen und die Boulevardpresse anzusprechen.

4.5. Der Zugang zu politischen Verhandlungsforen, Entscheidungsträgern und die Allianzbildung

> „Wenn eine Organisation in Deutschland menschenrechtliche Themen nach vorne bringen kann, ist es ai" (Strässer, 12.05.2006, S. 1).[47]

Der Zugang der deutschen Sektion von ai zu politischen Entscheidungsträgern war in den Anfangsjahren stark durch die persönlichen Kontakte der Gründungsmitglieder geprägt. Dies wird in der Korrespondenz von Carola Stern aus den ersten Jahren deutlich. Bezug nehmend auf die Anfrage eines ai-Mitgliedes nach einem prominenten Referenten, der ai nahe stehe, antwortet Carola Stern am 18. August 1972 beispielsweise: „Das Problem ist folgendes: die Leute, die etwas von ai und der Entwicklung der Menschenrechte verstehen, sind meist nicht prominent und die Prominenten wissen in der Regel zu wenig über ai. Die beiden einzigen, die mir einfallen, sind Staatssekretär Klug im Düsseldorfer Justizministerium und der Justizminister Neuberger, die ai mit sehr viel Sympathie und Engagement gegenüberstehen" (Stern 1972). Trotz solcher Kontakte kämpfte die deutsche Sektion in den 1960er und 1970er Jahren mit

47 Zitat einem Interview mit der Autorin vom 12.05.2006 entnommen

dem Vorwurf der „Linkslastigkeit". In den 1970er Jahren war dieser Vorwurf gegen ai mehrfach, vor allem in der konservativ orientierten deutschen Presse, erhoben worden. Vor diesem Hintergrund ist es zu erklären, dass sich im Dezember 1975 der Vorstand der deutschen Sektion von den Innenministern der Bundesländer hatte bestätigen lassen, dass die Mitgliedschaft bei ai weder registriert noch bei den Bewerbern des öffentlichen Dienstes negativ bewertet werden würde. Anfang Februar 1976 erhielt der Vorstand Informationen, die darauf hindeuteten, dass ai in Niedersachsen vom Verfassungsschutz überwacht würde. Das niedersächsische Innenministerium gab die Existenz von Aktenvermerken des Verfassungsschutzes zu, stellte die Angelegenheit aber als eine Fehleinschätzung eines einzelnen Beamten dar. Der damalige niedersächsische Innenminister Hasselmann versicherte, dass er die Aktivitäten von ai ausschließlich positiv bewerte. Es blieben aber Zweifel, ob die Aktenvermerke tatsächlich, wie zugesagt, gelöscht wurden. Ein Briefwechsel mit den zuständigen Behörden, in dem es um die Einsichtnahme der Betroffenen in die Akten ging, zog sich bis 1979 hin (Lange 1986, S. 131). 1977 kam es in Zusammenhang mit der Entführung des Arbeitsgeberpräsidenten Schleyer zu einer Durchsuchung der Wohnung der damaligen ai- Pressesprecherin (ebd., S. 268).

Dem Vorwurf der Linkslastigkeit trat die Organisation zum einen mit dem Verweis auf die durch das Mandat geforderte politische Neutralität entgegen. Zum anderen suchte die deutsche Sektion von Beginn an die Unterstützung aller großen Parteien, in dem sie versuchte, namenhafte Politiker in einem eigens dafür geschaffenen Ehrenpräsidium zu platzieren (ebd., S. 132). Der von ai vielbeschworene Grundsatz der politischen Neutralität, der auf eine antikonfrontative Wirkung abzielte, erwies sich als entscheidende Eingangstür für den Zugang zu politischen Verhandlungsforen, aber als Falltür für die strategische Allianzbildung mit anderen NGOs. Besonders deutlich kommt das in einem Vorwort zum ai-Jahresbericht 1978 des damaligen IEC- Vorsitzenden Hammarberg zum Ausdruck.[48] Es zeigt, welchem politischen Grundverständnis sich die Organisation verpflichtet fühlte: „ai ist kein Weltverbesserer für alle möglichen Belange; die Organisation hat einen fest umrissenen Auftrag. Wir arbeiten für die Freilassung von politischen Gefangenen, gegen Folter und Hinrichtungen, sind aber nicht am Kampf gegen Arbeitslosigkeit, Hunger oder anderen sozialen Missständen beteiligt. Wir tun dies nicht, weil wir die Wichtigkeit all der anderen Rechte missachten, sondern weil wir erkennen, dass wir

48 Damaliger Vorsitzender des Internationalen Exekutivkomitees.

konkrete Resultate nur innerhalb gesetzter Grenzen erreichen können. In der Tat glauben wir, dass es zwischen den verschiedenen Rechten enge Beziehungen gibt. Wenn die Ausgebeuteten ihre Stimme nicht erheben können, sind politische und sozialökonomische Rechte verletzt" (ai 1979, S. 7). Daraus folgte als Handlungs- und Lobbyverständnis: „Im Wesentlichen setzen wir uns immer auf die gleiche Art und Weise mit Regierungen auseinander: wir suchen den Dialog. Wir sind bereit, so lange mit ihnen zu reden, wie dies unseren Zielen dienen könnte. Wir verhandeln nicht, wir haben nichts zu verkaufen, aber wir wollen Diskussionen im Rahmen unseres Mandats, und wir suchen Gelegenheiten, unsere Fakten und Empfehlungen darzulegen. Das heißt auch, dass wir Regierungen als solche nicht bekämpfen. Ebenso wenig befürworten wir Boykottmaßnahmen oder Einstellungen von Hilfeleistungen. Diese Art wirtschaftlichen Drucks ist nicht Teil unseres Mandats und entspricht auch nicht unserer Arbeitsweise" (ebd., S. 7). ai sollte also ihren Status als „Verhandlungsmacht" einsetzen. Um diesen Status nicht zu gefährden, reglementierte der Vorstand massiv die ehrenamtliche Arbeitsstruktur. Bereits seit Mitte der 1970er Jahre waren in der deutschen Sektion Überlegungen angestellt worden, wie die Arbeitsstrukturen zu verbessern seien. Im Zusammenhang mit den Ereignissen um die Baader-Meinhof-Gruppe häuften sich die Kontakte der Sektion zu Regierungsstellen und Parlamentariern in Bonn. Es wurde im Vorstand die Gefahr gesehen, dass durch eine unkordinierte und unprofessionelle Ansprache durch Einzelmitglieder und Gruppen viele Sympathien beispielsweise bei Abgeordneten verspielt werden könnten (Lange 1986, S. 129). Der Vorstand versuchte zunächst, dieses Problem dadurch zu lösen, indem für Parteien, Ministerien, Bundestag und Bundesregierung und andere Organisationen im Raum Bonn ehrenamtliche Beauftragte ernannt wurden, die als ai-Repräsentanten auftreten sollten. Aber dieser Versuch, die Lobbyarbeit im politischen Sektor durch besondere Beauftrage zu kanalisieren, brachte nicht das gewünschte Ergebnis. Deswegen beschloss der Vorstand im Juli 1976 den Sekretariatsumzug nach Bonn. Als wesentliche Gründe wurden die Erweiterung der unmittelbaren Kontakte und Einflussnahme auf Regierung, Ministerien und Botschaften und die in diesem Bereich nötig und möglich gewordene bessere Ausschöpfung des Prestiges genannt (ebd., S. 129). In Ihren politischen Forderungen, auch bezogen auf den nationalen Kontext, trat ai aber erst ab Beginn der 1990er Jahre, einhergehend mit dem veränderten Anspruch, eine Menschenrechtsorganisation zu sein, deutlicher hervor. Ein Indiz dafür ist die 1992 erfolgte Aufnahme in die öffentliche Liste des Deutschen Bundestages über die Registrierung von Verbänden und deren Vertretern.

Eine verbesserte Lobbyarbeit wurde in der Mitgliedschaft bereits seit Ende der 1980er Jahre diskutiert. 1990 hatte die JV für das Generalsekretariat erstmals die Aufgabe definiert, eine Bestandaufnahme der Lobbyarbeit vorzunehmen und ein Konzept für die kampagnenorientierte Lobbyarbeit zu erarbeiten. Daraufhin erstellte das Generalsekretariat eine Übersicht ihrer Lobbyaktivitäten und positionierte sich gleichzeitig zum Thema Lobbyarbeit: „Das Standbein von ai ist unsere Kampagnenfähigkeit. Lobbyarbeit ist nur unser Spielbein. Und wir können mit diesem Bein desto besser spielen, je stärker unser Standbein ist. Lobbyarbeit ist nur eine Hilfe, eine Nebenfunktion unserer Kampagnenfähigkeit" (ai 1991, S.3). Hinter dieser klaren Nachrangigkeit von Lobbyarbeit verbarg sich die Sorge, durch eine Intensivierung der Lobbyarbeit Teil der politischen Strukturen zu werden: „Wir müssen aber ein kraftvolles Gegenüber sein, wenn wir die politischen Strukturen erfolgreich herausfordern und verändern wollen" (ebd., S. 4). Ein Jahr später, 1992, veröffentlichte ai einen Katalog mit „Forderungen der deutschen Sektion von ai an eine aktive Menschenrechtspolitik von Bund und Ländern", in dem die Organisation erstmals in der deutschen Sektionsgeschichte auf detaillierte Vorstellungen im nationalen Kontext Bezug nahm. ai forderte eine stärkere Durchsetzung von Menschenrechten und setzte sich für folgende Ziele ein:[49]

- die Vorlage eines jährlichen Menschenrechtsberichtes durch die Bundesregierung beim Deutschen Bundestag
- die Schaffung eines ordentlichen Bundestagsausschusses für Menschenrechte
- die Nichteinschränkung des Asylrechts nach Art. 16, Abs.2 GG
- spezielle menschenrechtliche Ausbildungsprogramme für Angehörige der Bundeswehr, der Polizei, des Bundesgrenzschutzes und des Strafvollzugs
- eine stärkere Reglementierung, öffentliche Bekanntmachung und ein Verbot von Rüstungstransfers in Form von parlamentarischer Kontrolle, wenn nicht ausgeschlossen werden könnte, dass diese Transfers zu Menschenrechtsverletzungen im Empfängerland führen.

49 Der gesamte Forderungskatalog enthält 26 Punkte, die aber größtenteils die internationale Politik betreffen (vgl. Bielefeldt, Deile und Thomsen 1993, S. 244-251).

In der Evaluierung dieser Forderungen zeigt sich ein ambivalentes Bild, was damit zusammenhängt, dass „je mehr die Menschenrechtsprobleme das eigene Land betreffen, es umso schwieriger wird“ (Deile 22.05.2006, S. 2).[50] Mit der Beschlussempfehlung zum 1. Menschenrechtsbericht der Bundesregierung von März 1990 wurde am 10. Dezember 1991 ein zweimaliger Bericht pro Wahlperiode vereinbart. Der zunächst festgelegte Berichtszeitraum im Zweijahresrhythmus garantierte keine aktuelle Behandlung von Menschenrechtsproblemen. Seit der 14. Wahlperiode werden die Berichte jährlich erstellt. Volkmar Deile sieht die Menschenrechtsberichte als ein Indiz dafür, dass das Gefühl der Rechenschaftspflicht in Menschenrechtsfragen der Politik gegenüber der Öffentlichkeit zugenommen habe: „Wir haben jetzt den siebten Menschenrechtsbericht der Bundesrepublik erlebt, die Bücher werden immer dicker. Er ist vor allen Dingen eine Selbstdarstellung der eigenen Tätigkeit, keine Bearbeitung von Problemen und Widersprüchen, aber immerhin ist er etwas, was ohne die Menschenrechtsorganisationen, das heißt in Deutschland immer noch vor allen Dingen ai, nicht zustande gekommen wäre“ (ebd., S. 3).[51]

Ebenfalls in der 14. Wahlperiode wurde erstmals ein eigenständiger Bundestagsausschuss für Menschenrechte und humanitäre Hilfe gebildet.[52] Als Vollausschuss umfasst er 15. Abgeordnete und 15. Stellvertreter und hat ein Mitberatungsrecht in allen menschenrechtsrelevanten Fragen inklusive des Asylrechts (Deile 2000, S. 341).

Zur Rolle der Länderberichte von ai in der Ausschussarbeit sagt Christoph Strässer: „Es gibt ja auch Organisationen, von denen sagt man, gut, die gibt es. Bei ai ist das anders. Und das ist auch im politischen Bereich so. Wir diskutieren ja sehr oft auch in unserem Ausschuss für Menschenrechte und humanitäre Hilfe über die Situation in verschiedenen Ländern und immer wird der jeweilige Lagebericht von ai herangezogen und auch dort mit verwertet“ (Strässer 12.05.2006, S. 1).[53]

Als Ergebnis der Mobilisierung durch ai, aber auch durch andere NGOs können auch die Schaffung der Stelle eines Menschenrechts-

---

50 Zitat einem Interview mit der Autorin vom 22.05.2006 entnommen.

51 Zitat einem Interview mit der Autorin vom 22.05.2006 entnommen.

52 Zuvor gab es den Unterausschuss Menschenrechte und humanitäre Hilfe, der dem Auswärtigen Ausschuss zugeordnet war (Deile 2000, S. 341).

53 Zitat einem Interview mit der Autorin vom 12.05.2006 entnommen.

beauftragten im Auswärtigen Amt und die Einrichtung des Deutschen Instituts für Menschenrechte gewertet werden. Eine Kohärenz zwischen der institutionellen Verankerung und einzelnen Politikbereichen ist dagegen nicht erkennbar. Bei der Umsetzung menschenrechtlicher Standards waren in den 1990er Jahren massive Einschnitte in das deutsche Asylrecht für politisch Verfolgte zu beobachten. Der Deutsche Bundestag stimmte am 26.05.1993 dem Asylrechtskompromiss durch die Annahme des Artikels 16 a im GG zu. Danach kann sich auf das Asylrecht nicht mehr berufen, wer aus einem Land einreist, in dem die Grundfreiheiten und der Schutz vor politischer Verfolgung „ausreichend“ gewährleistet sind. Die Zahl der Asylbewerber ist seit der Grundgesetzänderung stark rückläufig (Hutter; Tessmer 1997, S. 16). Im Vorfeld hatte ai gegen diese Regelung protestiert, sie aber nicht verhindern können.

Eine stärkere Reglementierung der Rüstungstransfers hat die Bundesregierung am 19. Januar 2000 in Form der sog. „Politischen Grundsätze der Bundesregierung für den Export von Kriegswaffen und sonstigen Rüstungsgütern“ beschlossen, in denen erstmals Bezug auf die Menschenrechtslage in einem Land genommen wird: „Der Beachtung der Menschenrechte im Bestimmungs- und Endverbleibsland wird bei den Entscheidungen über Exporte von Kriegswaffen und sonstigen Rüstungsgütern besonderes Gewicht beigemessen. Genehmigungen für Exporte von Kriegswaffen und sonstigen Rüstungsgütern werden grundsätzlich nicht erteilt, wenn hinreichender Verdacht besteht, dass diese zur internen Repression im Sinne des EU-Verhaltenskodexes für Waffenausfuhren oder zu sonstigen fortdauernden und systematischen Menschenrechtsverletzungen missbraucht werden. Für diese Frage spielt die Menschenrechtssituation im Empfängerland eine wichtige Rolle. In eine solche Prüfung der Menschenrechtsfrage werden Feststellungen der EU, des Europarates, der Vereinten Nationen, der Organisation für Sicherheit und Zusammenarbeit in Europa und anderer internationaler Gremien einbezogen. Berichte von internationalen Menschenrechtsorganisationen werden ebenfalls berücksichtigt."[54] Aus dem Bericht aber, den das Sekretariat des EU-Rates am 14. November 2005 über den Umgang mit dem EU-Verhaltenskodex für Rüstungsexporte vorgelegt hat, geht hervor, dass Deutschland in der EU mit Abstand an der Spitze der Exporteure von kleinen, leichten und automatischen Waffen liegt. Die Bundesregierung erteilte im Jahr 2004 Ausfuhrgenehmigungen für Waffen und Rüstungsgüter in

---

54 die Bundesregierung am 19.01.2000 in ihren „Politischen Grundsätzen für den Export von Kriegswaffen und sonstigen Rüstungsgütern“, S. 1.

Höhe von 3.8 Milliarden Euro an 122 Staaten. Zwei Drittel der deutschen Ausfuhrgenehmigungen im Jahr 2004 galten anderen Industriestaaten, ein Drittel Ländern, die offizielle Entwicklungshilfe oder Unterstützung der Organisation für wirtschaftliche Zusammenarbeit und Entwicklung erhalten (GKKE 2005).

Hinsichtlich der geforderten menschenrechtlichen Ausbildungsprogramme in der Bundeswehr antwortet die Presseabteilung der Bundeswehr am 29.05.2006, die Forderung von ai sei nicht bekannt. Alle Angehörigen der Bundeswehr würden während ihrer Dienstzeit eine Ausbildung zum Thema Menschenrechte erhalten, insbesondere zum Thema „Humanitäres Völkerrecht". Für Grundwehrdienstleistende umfasse die Ausbildung einige Stunden theoretischer Unterrichtung. Für längerdienende Soldaten, insbesondere für Offiziere, würden im Rahmen der Ausbildung mehrere intensive Schulungen durchgeführt. Dies erfolge im Gesamtzusammenhang der Ausbildung. Ein eigenständiges Ausbildungsprogramm für alle Soldaten existiere nicht. Vielmehr seien der Umgang und die Lehre dieser Themen seit ihrem Bestehen in die gesamte Ausbildung der Bundeswehr integriert.[55]

Eine strategische Allianzbildung als Handlungsstrategie mit anderen NGOs ging ai in der Bundesrepublik Deutschland aufgrund des sehr eng ausgelegten Arbeitsrahmens nur punktuell ein. Dies änderte sich 1994. Die deutsche Sektion von ai ging erstmals eine Allianz ein, indem sie dem Forum Menschenrechte beitrat, das im Anschluss an die Wiener Weltmenschenrechtskonferenz gegründet wurde: „Das war nicht sehr selbstverständlich bei ai, denn bis in den Anfang der 1990er Jahre hat ai immer sehr darauf geachtet, dass sie sich nicht mit jedem gemein machte, schon gar nicht mit anderen Menschenrechtsorganisationen, also ein gewisses elitäres Selbstverständnis, was die „Reinheit" der amnestyarbeit erhalten sollte. Das Forum ist in bezug auf Menschenrechtsfragen auch ein Machtfaktor geworden, an dem die Politik nicht so ohne Weiteres vorbeigehen kann" (Deile 22.05.2006, S. 3).[56]

Das Forum Menschenrechte, ein Netzwerk von mehr als 40 deutschen NGOs, setzt sich für einen verbesserten Menschenrechtschutz ein und sieht sich als kritischer Begleiter der deutschen Menschenrechtspolitik auf nationaler und internationaler Ebene. Weitere Ziele sind die Bildung eines Bewusstseins zu Fragen der Menschenrechte in der deutschen Öffentlichkeit, auf mögliche Men-

---

55 vgl. E-Mail-Antwort des Streitkräfteamts vom 24.05.2006.

56 Zitat einem Interview mit der Autorin vom 22.05.2006 entnommen.

schenrechtsverletzungen in Deutschland hinzuweisen, auf ihre Lösung hinzuarbeiten und Informationen unter den Mitgliedsorganisationen zu menschenrechtsrelevanten Themen auszutauschen (Minarek 2004, S. 25). Innerhalb des Forums sind verschiedene Arbeitsgruppen dafür verantwortlich, gemeinsame Stellungnahmen und Materialien zu erarbeiten und Aktionen, öffentliche Veranstaltungen und Expertengespräche vorzubereiten. Koordiniert wird die Arbeit des Forums Menschenrechte durch einen achtköpfigen Koordinierungskreis, der durch die Mitglieder des Forums gewählt wird und dessen Zusammensetzung repräsentativ ist für die politische Bandbreite der Mitgliedsorganisationen. Dem Koordinationskreis gehört seit Januar 2004 auch die Generalsekretärin der deutschen ai-Sektion an. Das Sekretariat des Forums arbeitet in Berlin im Haus der Demokratie und Menschenrechte. Das Forum finanziert sich durch die Beiträge seiner Mitgliedsorganisationen. Seit 2003 ist das Forum als gemeinnütziger Verein anerkannt (ebd., S. 25). Die Gratwanderung, die eine Arbeit von unabhängigen NGOs in einem solchen Forum mit sich bringt, besteht darin: „(...) so nah wie möglich an die Politik heranzukommen und mit ihr auch aus der Distanz zu kooperieren, ohne dabei die Unterschiedlichkeit von Menschenrechtsorganisationen und staatlichen Strukturen zu verwischen" (Deile 1997, S. 15).[57] Fast zehn Jahre nach der Gründung scheint diese Problematik aktueller denn je. Christoph Strässer berichtet: „Wir hatten eine öffentliche Anhörung, wo es um die Bewertung des letzten Menschenrechtsberichtes durch die Nichtregierungsorganisationen ging. Die Einladung der Experten lief nicht über das Ausschusssekretariat, sondern über das Forum Menschenrechte. Da haben wir gesagt, das ist nicht unsere Entscheidung. Wir sehen das so, dass das Forum Menschenrechte uns Organisationen dazu benennt. Wir haben gesagt sechs bis acht maximal, weil wir nur drei Stunden Zeit haben. Ich vermutet mal, ai ist dabei. Aber das ist nicht unsere Entscheidung gewesen" (Strässer, 12.05.2006, S. 3).[58] Die Ambivalenz, die in dieser Rollenzuschreibung zum Ausdruck kommt, weist auf das Phänomen des sog. „Embracement" (engl.: „Umarmung") hin, welches Anja Mihr kritisch bewertet: „NGOs sollten indes immer unabhängig bleiben, um ihre Glaubwürdigkeit nicht zu verlieren" (Mihr 18.05.2006, S. 2).[59] Die Problematik wird auch von anderen ai-Vertretern angesprochen: „manchmal muss ich mich bei Gesprächen im Auswärtigen Amt direkt

57 Zitat einem Interview mit der Autorin vom 22.05.2006 entnommen.

58 Zitat einem Interview mit der Autorin vom 12.05.2006 entnommen.

59 Zitat einem Interview mit der Autorin vom 18.05.2006 entnommen.

fragen: Bin ich jetzt der NGO-Mann - oder der auf der anderen Seite des Schreibtisches?" (Köhne 1998, S. 215). Die hier angesprochene Gefahr liege in der Instrumentalisierung durch die Politik, wie sie sich durch die demonstrative Betonung der guten Kontakte zu den NGOs beispielsweise auch in den letzten Menschenrechtsberichten der Bundesregierung zeige. Es gehe aber um beides: „öffentliche Kritik und Akzeptanzbeschaffung für das Kritisierte" (Rürup 2001, S. 236).

4.6. Zur begrenzten Thematisierung von Menschenrechtsverletzungen in der Bundesrepublik Deutschland

Entsprechend ihrem Selbstverständnis als Gefangenenhilfsorganisation konzentrierte sich ai in ihren Länderberichten in bezug auf die Bundesrepublik Deutschland bis Mitte der 1990er Jahre auf verschiedene Aspekte der Hochsicherheitshaft, wie Isolationshaft und auf in Arrest genommene Kriegsdienstverweigerer aus Gewissensgründen. Von London aus gab die Organisation ein Memorandum heraus, in dem Haftbedingungen kritisiert wurden, die zu Gesundheitsgefährdungen führen würden (ai 1981, S. 371).

Eine Ausnahme bildete die Arbeit für politische Flüchtlinge. Allerdings setzte sich ai ausschließlich gegen die zwangsweise Rückkehr von Personen ein, denen schwerwiegende Menschenrechtsverletzungen infolge der Rückkehr drohten und stellte damit die Situation in den Herkunftsländern in den Mittelpunkt des Interesses. Zwar kritisierte ai die Grundgesetzänderung 1993, infolge dessen das Asylrecht eingeschränkt wurde, in den Jahresberichten allerdings bildeten Haftbedingungen für „politische Gefangene" weiterhin das bestimmende Thema. Erst 1993 nahm ai offensiv zu einem innenpolitischen Thema in einem Bericht Stellung, in dem ai Fälle dokumentierte, in denen die Organisation der Polizei den Einsatz unverhältnismäßiger Gewalt vorwarf (ai 1996 c, S. 139). Diese Informationen sorgten für eine kontroverse Debatte in der Öffentlichkeit und zeigten, in welche Konflikte sich die Organisation in der unmittelbaren Auseinandersetzung in bezug auf die Innenpolitik begeben konnte. Der damalige Bremer Innensenator Borttscheller argwöhnte, ai beziehe Informationen von linksextremen Gruppen, von denen sie sich instrumentalisieren lasse. Auch hieß es, ai stelle deutsche Polizisten generell als fremdenfeindlich dar und habe nicht sachgerecht recherchiert (Bartelt 2004, S. 15). Ungeachtet dessen dokumentierte ai auch weiterhin in den Länderberichten neue Fälle von unverhältnismäßiger Polizeigewalt und forderte erneut spezielle menschenrechtliche Ausbildungsprogramme für Angehörige der Polizei. Das Bundesministerium des Innern (BMI), zuständig für die Bundespolizei, lehnt dies bisher mit den Hinweisen ab, es handele sich um Einzelfälle und Menschenrechtsbildung sei bereits in die Ausbildung integriert. Wie aus einer Antwort auf eine schriftliche Anfrage vom 17.07.2006 hervorgeht, sieht das BMI bis heute keinen Handlungsbedarf, um derartige Übergriffe zu verhindern. Es wird weiterhin die Auffassung vertreten, dass die Menschenrechtsbildung bereits Bestandteil der Ausbildung sei: „Die Menschenrechtserziehung hat in der Aus- und Fortbildung der Bundespolizei eine hohe Bedeutung. Die Ausbildungs- und Studienpläne aller polizeilichen Laufbahngruppen der Bundespolizei berücksichtigen den Menschenrechtsschutz in Rahmen der staatspolitischen und rechtsstaatlichen Ausbildung. Die Polizeikräfte werden intensiv über die Prinzipien der Gesetzmäßigkeit der Verwaltung und den Schutz der Grundrechte unterrichtet. Insbesondere werden in der polizeirechtlichen Ausbildung die Grenzen des polizeilichen Handelns durch die Vermittlung der aktuellen Rechtslage konkret definiert. Darüber hinaus umfasst die Ausbildung eine Vielzahl von Themenbereichen, in denen die Achtung und Wahrung der Menschenrechte und der tolerante Umgang mit den Bürgerinnen und Bürgern deutscher und nichtdeutscher Herkunft theoretisch und praktisch geschult wird und die Polizeibeamten für ihren Einsatz für die freiheitlich-demokratische Grundordnung vorbereitet werden“.[60] Die deutsche Sektion sieht das anders und führt deswegen seit 2005 das Pilotprojekt "Polizeigewalt gegen Ausländer und Deutsche" durch. Hierfür wurde eigens eine Fachkommission "Polizeirecherche" berufen. Aber das Beispiel zeigt: Je konfrontativer eine NGO agiert, umso schwieriger wird es, den Zugang zu nationalen politischen Verhandlungsforen und Entscheidungsträgern zu erhalten. Insofern ist es von großem Interesse zu betrachten, an welchen Kampagnen und Kooperationen sich die deutsche Sektion von ai nicht beteiligt hat. Beispiele hierfür sind die geringe Beteiligung an der Bleiberechtskampagne und die kontrovers geführte ai-interne Diskussion um die Mitarbeit in sog. Härtefallkommissionen.

Die Kampagne „Hier geblieben! Recht auf Bleiberecht“ wurde von PRO ASYL 2002 initiiert. Die Kampagne sollte geduldeten Flüchtlingen, die seit längerer Zeit in Deutschland leben, zu einem gesi-

60 Zitat entnommen aus: Bundesministerium des Innern, E-Mail-Antwort vom 17.07.2006.

cherten Aufenthalt verhelfen.[61] ai unterstützte die Kampagne nur bedingt. Begründet wurde dies damit, dass es nicht den flüchtlingspolitischen Positionen von ai entspräche, ein Bleiberecht für Menschen zu fordern, die nicht von schweren Menschenrechtsverletzungen im Falle einer Rückkehr in das Herkunftsland bedroht wären. ai forderte nur dann ein Bleiberecht, wenn im Falle einer Abschiebung Menschenrechtsverletzungen drohen. Andererseits konnte ai aber nicht ausschließen, dass unter den Personenkreis der langjährig Geduldeten auch Menschen fielen, die von schweren Menschenrechtsverletzungen bedroht sein könnten. Als problematisch wurde von Seiten des Vorstandes jedoch gesehen, dass ai dies bei der Anzahl der Betroffenen nicht im Einzelnen überprüfen könne.

Deutlich kommt in diesen Bedenken zum Ausdruck, wie strikt die deutsche Sektion darauf achtet, die ai-Grundsätze, jeden Einzelfall gewissenhaft zu überprüfen und nur Menschen, die von massiven Menschenrechtsverletzungen unmittelbar bedroht sind, zu berücksichtigen, auslegt.

Ähnlich restriktiv zeigte sich die deutsche Sektion bei der möglichen Mitarbeit von ai-Vertretern in Härtefallkommissionen. Härtefallkommissionen dienen der Beratung strittiger zur Abschiebung anstehender Fälle, bei denen den Aufenthalt beendende Maßnahmen für die Betroffenen eine besondere Härte darstellen würden. Sie bestehen jeweils aus sechs bis zehn Mitgliedern, die sich aus NGOs und staatlichen Vertretern zusammensetzen. Ernannt werden sie durch das Innenministerium des jeweiligen Bundeslandes oder durch die entsendenden Institutionen. In der Regel entscheidet eine 2/3-Mehrheit der Kommissionsmitglieder über die Entscheidung. Eine Anfechtung der Entscheidung ist nicht möglich. Der Entscheid über die Erteilung einer Aufenthaltserlaubnis bleibt bei der zuständigen Ausländerbehörde bzw. beim Innenministerium als übergeordnete Behörde, die Kommission spricht lediglich eine Empfehlung aus (vgl. Initiativausschuss für Migrationpolitik in Rheinland-Pfalz, 24.07. 2007). Eine eventuelle Beteiligung von ai- Mitgliedern wurde nur knapp nach einer kontroversen Auseinandersetzung auf der Jahresversammlung 2003 ermöglicht, da der Vorstand beauftragt wurde, „ein Regelwerk zu erarbeiten, welches die Voraussetzungen formuliert, inwieweit ai in einer solchen Härtefallkommission mitwirken kann und unter welchen Bedingungen Mitglieder von ai Mitglied einer Härtefallkommission sein können. Das Regelwerk sollte klar formulierte Mindestanforderungen in bezug auf die Zu-

61 Bundesweit wird von ca. 230.000 geduldeten Flüchtlingen ausgegangen (vgl. Flüchtlingsrat Berlin 24.07.2006).

sammensetzung der Härtefallkommission, die Einleitung und den Ablauf von Verfahren vor der Härtefallkommission sowie die Wirkungen einer Entscheidung der Härtefallkommission aufstellen, damit im Bedarfsfall schnell und unkompliziert anhand des Regelwerks entschieden werden kann, ob ai sich an der Arbeit einer solchen Kommission beteiligen kann, ferner hinreichend bestimmte Aussagen über die von den zur Mitwirkung in einer Härtefallkommission in Frage kommenden ai-Mitgliedern zu erfüllenden Mindestqualifikationen sowie über das Verfahren der Entsendung von ai-Mitgliedern in Kommissionen treffen" (ai 2003, Punkt 6, Beschluss P 2). Im Februar 2004 beschloss der Vorstand das entsprechende Regelwerk, in dem die restriktive Haltung der Organisation deutlich zum Ausdruck kommt. Dort heißt es u.a.: „Mindestanforderungen an die Qualifikation von ai-Mitgliedern: a) Das für die Mitwirkung in einer Härtefallkommission vorgesehene ai-Mitglied sowie dessen Stellvertreterin sollen seit längerer Zeit aktives Mitglied sein und Kenntnisse über Arbeitsrahmen, Arbeitsweise und Struktur der Organisation haben. b) Das für die Mitwirkung in einer Härtefallkommission vorgesehene ai-Mitglied sowie dessen Stellvertreterin sollen seit längerer Zeit in der Flüchtlingsarbeit tätig sein, über ausreichende Erfahrungen in der Einzelfallarbeit mit Flüchtlingen verfügen, regelmäßig an internen Informations- und Schulungsveranstaltungen teilgenommen haben und bereits für ihre Tätigkeit relevante Funktionen (Referentin für politische Flüchtlinge, Landesbeauftragte für politische Flüchtlinge) übernommen haben" (ai 2004, S. 3). Auch bei dem Verfahren der Entsendung von ai-Mitgliedern stellen Führungsgremien ihre alleinige Entscheidungsbefugnis deutlich heraus: „Fordert eine Landesregierung ai zur Entsendung eines Mitglieds in eine Härtefallkommission auf, informiert die angesprochene Stelle bzw. das angesprochene ai-Mitglied die zuständige Landesbeauftragte für politische Flüchtlinge, die Abteilung Länder & Asyl im Sekretariat der Sektion sowie das Vorstandsmitglied für politische Flüchtlinge. Darüber, ob und ggf. welches Mitglied ai in eine Härtefallkommission entsendet, entscheidet das Vorstandsmitglied für politische Flüchtlinge, nachdem es die Meinungen der im vorherigen Absatz genannten Stellen sowie ggf. des von der Landesregierung zur Mitwirkung in einer Härtefallkommission angesprochenen ai-Mitgliedes eingeholt hat. Das Mitglied der Härtefallkommission und seine Stellvertreterin werden gegenüber der Landesregierung durch das Vorstandsmitglied für politische Flüchtlinge berufen und abberufen" (ebd., S. 3). Unklar bleibt, was geschieht, wenn ein Mitglied als nicht qualifiziert oder konform genug gehalten wird. Infolge dieser strengen internen

Reglementierung ist es nicht verwunderlich, dass ai derzeit nur in der Härtefallkommission in Rheinland-Pfalz vertreten ist.

Zusammenfassend lässt sich konstatieren, dass die organisationsinternen Grundsätze der Unabhängigkeit, der Ausgewogenheit und der Neutralität bzw. der Regel, nicht zum eigenen Land zu arbeiten, den Zugang zu politischen Verhandlungsforen erleichtert und gesichert haben. Gleichzeitig aber wurde dadurch auch eine strategische Allianzbildung mit anderen Organisationen erschwert, da jedwede Form der intensiveren Kooperation die Neutralitätsregel verletzt hätte. Diese Grundsätze führten ferner bis 1992 zu einer thematischen Ausblendung innenpolitisch menschenrechtsrelevanter Themen. Einzig die Flüchtlingsarbeit von ai stellte einen Arbeitsbereich dar, in dem ai auf nationaler Ebene der Arbeit zum eigenen Land nachging. Aber auch hier zeigt sich, dass Kooperationen mit anderen Flüchtlingsorganisationen abgelehnt oder stark reglementiert wurden.

Anfang der 1990er Jahre stellte ai erstmals einen umfassenderen politischen Forderungskatalog in bezug auf die Bundesrepublik Deutschland auf und diskutierte intern gezieltere Lobbymaßnahmen, um diesen Forderungen Nachdruck zu verleihen. In der Evaluierung zeigt sich jedoch, dass überall da, wo gewichtige Interessen anderer Akteure berührt waren, wie z.B. beim Asylrecht, menschenrechtlichen Ausbildungsprogrammen oder der Rüstungskontrolle, ai ihre Forderungen nicht durchsetzen konnte.

4.7. Zwischenergebnis

Seit ihrer Gründung 1961 gelang es der deutschen Sektion von ai bis zu den Studentenunruhen 1968 zunächst nur sehr begrenzt, Mitglieder zu akquirieren. Ende der 1960er und Anfang der 1970er Jahre stiegen die Mitgliederzahlen an. Die dadurch entstandene finanzielle Konsolidierung bewirkte eine organisationsinterne Professionalisierung der Arbeit und die Ausbildung eines differenzierten hauptamtlichen Arbeitsapparates. Gleichzeitig gelang es der Organisation, die Arbeitskraft und das intellektuelle Potential ehrenamtlicher Mitglieder an sich zu binden, indem sie eine basisdemokratische Entscheidungsstruktur und somit die Attraktivität einer „Bürgerinitiative" aufrechterhielt.[62] Größtenteils auf ehrenamtlichen Kapazitäten basierend entwickelte die deutsche Sektion ein

62 Bis heute ist die Sektion strikt basisdemokratisch organisiert und dadurch an vielen Schnittstellen auch enorm konfliktträchtig.

dezentrales Informationsnetzwerk in Form einer ausdifferenzierten Gruppenstruktur. Dadurch konnte sie wissensbasierte Ressourcen sowohl auf länder- als auch auf themenbezogener Ebene in Form von Expertisen entwickeln. Auf dieser Grundlage baute ai sich als eigenständige und unabhängige Informationsquelle auf, schleuste ab Ende der 1960er Jahre Informationen in das öffentliche Kommunikationssystem der Bundesrepublik Deutschland ein und übernahm eine Expertenrolle, die ab den 1980er Jahren verstärkt in verwaltungsgerichtlichen Verfahren nachgefragt wurde. Dieser Zugang gelang ai aufgrund der drei organisationsinternen Grundsätze der Unabhängigkeit, der Neutralität und der Ausgewogenheit, die zu einer Klassifizierung der Informationen als seriös und glaubwürdig beitrugen. Durch die weitgehende Ausgrenzung innenpolitischer Themen wurde eine Konfrontation mit politischen Entscheidungsträgern vermieden. Das informelle „Hintergrundgespräch" und die Suche nach dem Dialog wurden zu gewichtigen Einflussstrategien. Diese Strategien erleichterten den Zugang zu politischen Entscheidungsträgern und Verhandlungsforen, zogen aber gleichzeitig die Gefahr eines „Embracement" nach sich, dass zu einer personellen Verflechtung geführt haben könnte, deren Ausmaß ein notwendiger Untersuchungsgegenstand sozialwissenschaftlicher Forschung wäre. [63] Die Risiken von NGO-Partizipation in Form von Kooperation weisen auf die Gefahr einer Kooptierung und der Instrumentalisierung durch den Staat hin. Demgegenüber steht das Argument der „Integration".

Die soziologische Struktur der Mitgliedschaft wies von Beginn an eine erhebliche Homogenität auf. Der überwiegende Teil der Mitglieder war der Mittel- und Oberschicht zuzuordnen. Diese Homogenität war auch Ergebnis der Organisationsstrategie, gezielt gesellschaftliche Bildungseliten zu rekrutieren, um eine Expertise von hoher Qualität zu erlangen und gewährleisten zu können. Weitere soziale organisationsinterne „Selektionskriterien" waren die für eine intensivere Mitarbeit in den Gruppen erforderlichen englischen Sprachkenntnisse und der Habitus großer Teile der Mitgliedschaft.

In den 1990er Jahren durchlief die deutsche Sektion massive Professionalisierungsprozesse. Eingeläutet wurden diese durch das sich auf der internationalen Ebene wandelnde Akteursselbstverständnis von der Gefangenenhilfsorganisation hin zu einer Menschenrechtsorganisation. Der Wandel auf der internationalen Ebene wirkte

---

63 Brand ortet hier ein dichter werdendes Netz personeller Verflechtungen und identifiziert eine Art von „Co-Eliten", die sich vermehrt auch in Machtzentren etablieren würden (Brand 2005, S. 90).

unmittelbar auf das Akteursverständnis der deutschen Sektion zurück. Damit einher ging eine thematische Ausweitung, die in der deutschen Sektion größere personelle, finanzielle und öffentlichkeitsbezogene Ressourcen erforderte. Zudem zeigten ai-interne Analysen, dass es ai nicht gelang, die notwendigen finanziellen Ressourcen über Spenden zu bilden. War die Ressourcenbildung bis Ende der 1980er Jahre größtenteils ehrenamtlich organisiert, ließ sich ab den 1990er Jahren eine stärkere Zentralisierung bei der Finanzbeschaffung, in der Öffentlichkeitsarbeit und bei der Mitgliederakquise beobachten. Weitere Indizien für ein sich wandelndes Organisationsselbstverständnis waren der stärkere Fokus auf gezieltem Lobbying, eine erstmalig kontinuierliche Zusammenarbeit mit anderen NGOs im Forum Menschenrechte, die Verbreiterung der hauptamtlichen Strukturen und eine Intensivierung der Öffentlichkeitsarbeit.

Ungeachtet dieser Entwicklung brachen der deutschen Sektion seit den 1990er Jahren ehrenamtliche Arbeitskapazitäten weg. Trotz einer leichten Zunahme an Einzelmitgliedern ging die Anzahl der Gruppen zurück. Diese Entwicklung könnte auch ein Grund für die erheblichen Vorbehalte der deutschen Sektion gegen die nochmalige Erweiterung des Arbeitsrahmens 2001 in Dakar gewesen sein.

Öffentlichkeitsarbeit war seit Gründung der deutschen Sektion neben der Einzelfallarbeit und der länder- und themenbezogenen Recherche ein zentraler Bestandteil der Arbeit der deutschen Sektion. Gleichwohl zeigen aktuelle Medienanalysen von 2004 und Media Tenor aus dem Jahr 2005, dass ai die zwar mit Abstand am häufigsten genannte Informationsquelle in bezug auf Menschenrechtsverletzungen ist, es aber nur in geringem Maß schafft, die deutschen Medien für das Thema Menschenrechte zu interessieren. Insofern relativieren die empirischen Befunde die theoretische Annahme von Habermas der Mobilisierung der Öffentlichkeit. Auch die politische Bilanz der Arbeit von ai bezogen auf die Bundesrepublik Deutschland ist nach einer ersten Analyse kritisch zu beurteilen. Zwar hat die Organisation von Beginn an auf ehrenamtlicher und hauptamtlicher Ebene informelle Kontakte zu Parlamentariern und Ministerien aufgebaut. Überall da aber, wo gewichtige Interessen der politischen oder wirtschaftlichen Akteure berührt waren, ist es der Organisation nicht oder nur sehr eingeschränkt gelungen, ihre Forderungen durch gezieltes Lobbying durchzusetzen.

5. Die Einstellung zu den Menschenrechten und amnesty international im Blickpunkt der öffentlichen Meinung in der Bundesrepublik Deutschland

Habermas hat darauf hingewiesen, dass das Mobilisierungspotential zivilgesellschaftlicher Akteure durch die Öffentliche Meinung erfasst werden könne. Unter der „Öffentlichen Meinung“ werden die in einer Gesellschaft mehrheitlich vertretenden Einstellungen und Bewertungen hinsichtlich politischer, sozialer und wirtschaftlicher Fragen verstanden (Lenz; Ruchlack 2001, S. 158). Der Bekanntheitsgrad, das „Image“ einer Organisation sowie der Grad der Akzeptanz in der öffentlichen Meinung sind infolgedessen Indikatoren, die auf den Grad des Mobilisierungspotentials als auch die Reichweite der Mobilisierung hinweisen. Deshalb bildet den Ausgangspunkt dieses Kapitels die Annahme, mithilfe der Demoskopie könne das gesellschaftspolitische Mobilisierungspotential von ai erfasst werden.

5.1. Die Einstellung zu den Menschenrechten im Blickpunkt von Meinungsumfragen

Empirische Untersuchungen zur Einstellung der deutschen Bevölkerung zu Menschenrechten sind äußerst selten. Bis in die 1970er Jahre finden sich in den Allensbacher Jahrbüchern der Demoskopie nur wenige Umfragen, in denen Menschenrechte thematisiert werden. Auffallend ist, dass in diesen Erhebungen ausschließlich die Menschenrechtssituation in der DDR fokussiert wird. 1977 wurde beispielshalber danach gefragt, ob die Bundesregierung die DDR vor der UNO anklagen sollte, würde diese gegen die Menschenrechte verstoßen. 46% der Befragten sprachen sich dafür aus (Noelle-Neumann 1977, S. 61). Auch 1979 hielten 40% der Befragten es für eine „wichtige Staatsaufgabe, dafür zu sorgen, dass die Menschenrechte auch in der DDR eingehalten werden“ (Noelle-Neumann 1983, S. 335). Im September 1979 sahen 51% der Befragten den Schutz der Menschenrechte in allen Ländern als eine wichtige globale politische Aufgabe an, jedoch erst nach der Sicherung der Energieversorgung (66%) und dem Umweltschutz (57%) (ebd., S. 597). Erst Mitte der 1980er Jahre wurde das Thema Menschenrechte unabhängig von der DDR in Meinungsumfragen stärker thematisiert. Auf die Frage, ob es etwas Wichtigeres als die Sicherheit der Menschenrechte gäbe, antworteten im November 1987 71% der Befragten mit Nein (Noelle-Neumann 1993, S. 571). 1995 fanden sich bereits drei Fragenkomplexe zum Thema Menschenrechte, was ein Hinweis darauf ist, dass in der Demoskopie das Thema Menschenrechte Mitte der 1990er Jahre zum Forschungsgegenstand avancierte (Noelle-Neumann 1997, S. 1121). Dennoch lag erst im April 2002 die erste umfassende bundesweite repräsentative Studie zur Einstellung der Deutschen zu den Menschenrechten vor, in der neben der Einstellung auch das Wissen über Menschenrechte und die Einsatzbereitschaft für Menschenrechte untersucht wurde. 1.001 Ostdeutsche und 1.050 Westdeutsche im Alter von 14 bis 92 Jahren nahmen im Auftrag der Universität Leipzig durch das Berliner Meinungsforschungsinstitut USUMA an der Umfrage teil. Dabei zeigte sich, dass sowohl das Wissen über Menschenrechte als auch die Einsatzbereitschaft für Menschenrechte in der deutschen Bevölkerung gering ausgeprägt ist. Von den 30 Artikeln der Allgemeinen Erklärung für Menschenrechte konnten die Befragten im Durchschnitt nur Inhalte von drei Artikeln nennen (Sommer, Stellmacher, Brähler 2005, S. 58).[64] Die Wichtigkeit der Verwirklichung von Menschenrechten wurde indessen als relativ hoch eingeschätzt. 11 der 17 vorgelegten Menschenrechte wurden von mehr als 50 % der Befragten als äußerst wichtig beurteilt (ebd., S. 59). Obwohl Menschenrechten eine große Bedeutsamkeit zugemessen wurde, war ungeachtet dessen nur ein geringer Anteil der Befragten (7 %) „sehr bereit“, sich aktiv in einer Menschenrechtsorganisation zu engagieren oder Geld für eine Menschenrechtsorganisation zu spenden (6 %).[65] 57% waren

---

64 Im Durchschnitt konnten die Befragten weniger als 3 (Mittelwert = 2.78) Menschenrechtsartikel nennen. Der durchschnittliche Befragte nannte 2.05 bürgerliche Menschenrechte und 0.73 wirtschaftliche Menschenrechte. Bürgerliche Menschenrechte wurden somit häufiger genannt als wirtschaftliche Menschenrechte. Lediglich 46 % der Befragten konnten mindestens ein wirtschaftliches Menschenrecht spontan nennen (Sommer, Stellmacher, Brähler 2005, S. 58). Besonders gravierend war das weitgehende Unwissen bezüglich wirtschaftlicher Menschenrechte, wie u. a. das Recht auf Arbeit und Schutz vor Arbeitslosigkeit oder gleicher Lohn für gleiche Arbeit (ebd. S. 58).

65 Der Einsatz für Menschenrechte wurde in der vorliegenden Untersuchung mit zwei Items erfasst. Zum einen wurde gefragt, inwieweit die Personen persönlich bereit sind, sich in einer Organisation, die sich für die Einhaltung von Menschenrechten einsetzt, aktiv zu engagieren. Zum anderen wurde gefragt, inwieweit die Personen persönlich bereit sind, einer Organisation, die sich für die Einhaltung der Menschenrechte einsetzt, Geld zu spenden. Die Befragten bekamen als Antwortmöglichkei-

„eher nicht“ oder „überhaupt nicht bereit“, sich in einer Menschenrechtsorganisation zu engagieren oder Geld zu spenden. Positiv betrachtet verblieb immerhin ein substantieller Anteil von insgesamt 43%, der generell bereitwillig war, sich zu engagieren (ebd., S. 60).[66] Auf die Frage, wovon das Engagement abhänge, zeigte sich, dass der Einsatz für die Menschenrechte höher war, wenn die Befragten über ein höheres formales Bildungsniveau und ein höheres Wissen über Menschenrechte und Menschenrechtsdokumente verfügten und die Verwirklichung von Menschenrechten als wichtig einschätzten. Andere Variablen wie das Geschlecht, der sozioökonomische Status oder die Erwerbstätigkeit hatten dagegen kaum einen systematischen Einfluss auf den Einsatz für Menschenrechte. Das Alter spielte lediglich beim direkten Engagement in Menschenrechtsorganisationen eine Rolle (ebd., S. 60).

Vertiefende Erkenntnisse brachte eine auf der ersten Studie aufbauende repräsentative Befragung im Oktober 2003, die im Auftrag der Universität Leipzig in Kooperation mit dem Deutschen Institut für Menschenrechte durchgeführt wurde. 1.656 Westdeutsche und 361 Ostdeutsche im Alter von 14 bis 93 Jahren wurden zum Wissen über Menschenrechte und Menschenrechtsdokumente, der Bedeutsamkeit von Menschenrechten und dem faktischen Engagement für Menschenrechte befragt. Dabei stellte sich erneut heraus, dass das Wissen über Menschenrechte recht gering ist. Nur 4% konnten ein Menschenrechtsdokument nennen. Wie bereits in der repräsentativen Befragung von 2002 äußerte die große Mehrheit der Befragten (76%) indessen, dass sie die Verwirklichung von Menschenrechten für alle Menschen in der Welt als „äußerst wichtig“ erachtet. Weniger als 2% sahen die Verwirklichung von Menschenrechten weltweit als unwichtig an (ebd., S. 59). Hinsichtlich des faktischen Engagements für Menschenrechte in den letzten fünf Jahren zeigte sich, dass sich die Mehrheit nicht aktiv für Menschenrechte eingesetzt oder gegen die Verletzung von Menschenrechten protestiert hat.[67]

---

ten vier Alternativen vorgelegt: „Sehr bereit“, „eher bereit“, „eher nicht bereit“ und „überhaupt nicht bereit“ (ebd. S. 60).

66 Auch hier zeigte sich, dass Ostdeutsche eine geringere Bereitschaft signalisierten, sich für Menschenrechte einzusetzen als Westdeutsche (ebd. S. 60).

67 Dazu sollten die Befragten angeben, wie häufig sie sich in den letzten fünf Jahren für die Einhaltung von Menschenrechten im allgemeinen oder für die Einhaltung von einzelnen Menschenrechten eingesetzt haben. Die Fragen lauteten: Wie oft haben Sie für eine Menschenrechts-Organisation wie z.B. ai Geld gespendet? Wie oft haben Sie auf Unterschriftenlisten gegen die Verletzung von (einzelnen) Menschenrechten

4,3% der Befragten gaben an, sich in den letzten fünf Jahren in einer Menschenrechtsorganisation engagiert zu haben. Personen engagierten sich am ehesten durch die Teilnahme an Unterschriftenaktionen oder Geldspenden. Auf Mahnwachen, Demonstrationen oder Kundgebungen gegen die Verletzung von Menschenrechten setzten sich 4,6% der Befragten „manchmal“ und 1,4% „häufig“ ein (Abbildung 13, Sommer; Stellmacher; Brähler 2005, S. 60).

Abbildung 13: Einsatz für Menschenrechte in der deutschen Bevölkerung 2003

ABBILDUNG 5: EINSATZ FÜR MENSCHENRECHTE IN FORM VON GELDSPENDE, UNTERSCHRIFTENLISTE, MAHNWACHE, DEMONSTRATION ODER KUNDGEBUNG (ANGEGEBEN SIND PROZENTUALE ANTEILE DER DEUTSCHEN BEVÖLKERUNG)

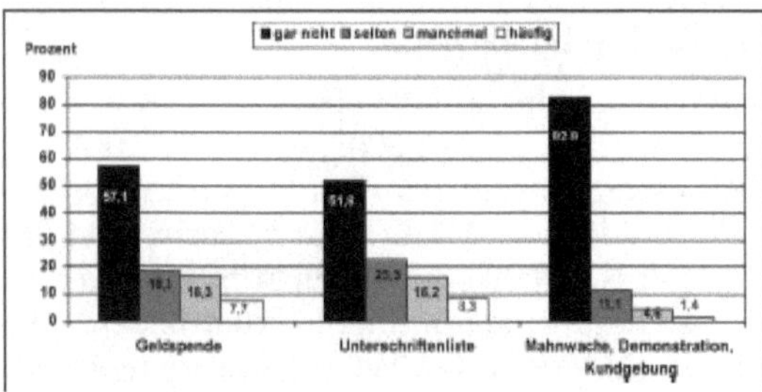

Vor diesem Hintergrund relativieren sich die Ergebnisse der Befragung von 2002, nach denen über 40% „eher“ oder „sehr bereit“ waren, sich für Menschenrechte zu engagieren (ebd., S. 60). Ein geringer Prozentsatz der Bevölkerung hat tatsächlich in den letzten fünf Jahren nach eigenen Auskünften gegen die Verletzung von Menschenrechten protestiert, für eine Menschenrechtsorganisation Geld gespendet oder sich in einer solchen Organisation aktiv engagiert.

Auf die Frage, wie viel Achtung die Menschenrechte in der Bundesrepublik Deutschland genießen würden, antworteten im Rahmen einer Kandidatenumfrage zur Bundestagswahl 2002 im Auftrag des Mannheimer Zentrums für Europäische Sozialforschung 29,5 % der Befragten, die Menschenrechte würden „große Achtung“ genießen. Der überwiegende Teil von 47,3 % sprach sich für „einige Achtung“ aus und immerhin 21, 7% waren der Ansicht, dass Menschenrechte „nicht viel Achtung“ hätten. Ein sehr geringer Teil von 1,5% mein-

protestiert? Wie oft haben Sie an einer Mahnwache, Demonstration oder Kundgebung gegen die Verletzung von Menschenrechten teilgenommen? Haben Sie sich aktiv in einer Menschenrechtsorganisation engagiert? (ebd. S. 60).

te, Menschenrechte hätten in der Bundesrepublik Deutschland „überhaupt keine Achtung" (MZES 2002, S. 77).

Wie umstritten einzelne Menschenrechtsfragen auch in der Bevölkerung der Bundesrepublik Deutschland sind, zeigte sich 2003 hinsichtlich des absoluten Folterverbotes, einer der Kernforderungen von ai.[68] Im Entführungsfall des Bankierssohnes Jakob von Metzler hatte der stellvertretende Frankfurter Polizeichef Wolfgang Daschner dem Tatverdächtigen Folter angedroht, um den Aufenthaltsort des Kindes in Erfahrung zu bringen. Eine Forsa-Umfrage zeigte, dass die Mehrheit der Bundesbürger die Androhung von Folter in Verhören unter bestimmten Voraussetzungen akzeptiert. 63% waren der Meinung, W. Daschner solle für die Gewaltandrohung nicht bestraft werden. 32% der Befragten sprachen sich für eine Strafe aus (FAZ.NET 26.02.2003).[69] Eine zweite Forsa-Umfrage im Auftrag des Magazins Stern im Mai 2004 indes ergab, dass 22 % der Befragten es für gerechtfertigt hielten, einen Terrorverdächtigen zu foltern, wenn dadurch Menschenleben gerettet werden könnten. 74% hielten dies für unzulässig (Stern 18.05.2004).[70]

Vor dem Hintergrund der Befunde stellt sich hinsichtlich des Wissens um menschenrechtsrelevante Dokumente die Frage, welche Schlussfolgerungen sich aus dem geringen Wissen um die Menschenrechte ergeben. Christoph Strässer relativiert die Ergebnisse der Universität Leipzig: „Ich glaube, dass man das nicht so pauschalieren kann. Viele Leute in der ai-Gruppe engagieren sich, weil sie sehen, da geht es um konkrete Maßnahmen, ich kann jemandem helfen, ich kann etwas unterstützen. Selbst wenn sie die fragen würden, nennen Sie mir mal einzelne allgemeine Menschenrechte, nennen Sie mir mal aus unseren Grundgesetz drei Artikel, dann würden Sie möglicherweise auch da erleben, dass sie zwar eine Vorstellung im Kopf haben, aber dass sie das nicht konkret verbinden mit Dingen, die irgendwo gedruckt auf dem Papier stehen" (Strässer 12.05.2006, S. 5). Anja Mihr weist hinsichtlich der Untersuchungen darauf hin, dass viele Deutsche ein gutes Menschenrechtsverständnis hätten, aber das, was sie unter dem Begriff „Menschenrechte" verstehen, z.B. soziale Absicherung, freie Schulausbildung, nicht mit dem Wort „Menschenrechte" in Zusammenhang setzen

---

68 Niemand darf der Folter oder grausamer, unmenschlicher oder erniedrigender Behandlung oder Strafe unterworfen werden (Artikel 5, Allgemeine Erklärung der Menschenrechte).

69 Datenbasis 24.02. 2003: 1003 Befragte, Fehlertoleranz +/-3%.

70 Datenbasis der Umfrage: 1001 repräsentativ ausgewählte Bundesbürger am 13. und 14. Mai. Statistische Fehlertoleranz: +/- 3 %.

würden. Zwar werde das Grundgesetz in der Schule vermittelt, aber dass das Grundgesetz eine Reflexion der Allgemeinen Erklärung der Menschenrechte von 1948 und die Politische Bildung eine Reflexion von internationalen Menschenrechtsstandards sei, würde nicht vermittelt. Deswegen könnten viele Menschen eine große Anzahl der international verankerten Menschenrechte konkret nicht benennen (Mihr 18.05.2006, S. 6).[71] Und sie nennt eine weitere Ursache von immenser Bedeutung: „Die andere Sache ist: insgesamt wird, ob nun im formalen Bildungswechsel oder im außerschulischen Bereich, eben sehr wenig über die Menschenrechte oder über die Zusammenhänge berichtet" (ebd., S. 6). Damit spricht sie die mangelnde Menschenrechtsbildung in den Schulen an. Menschenrechtsbildung findet an deutschen Schulen nur ungenügend statt. Auf der Grundlage der Empfehlung der Kultusministerkonferenz zur Förderung der Menschenrechtsbildung in der Schule vom 4.12.1980, erneut bekräftigt am 14.12.2000, wird in Deutschland ein ganzheitlicher Menschenrechtsbildungsansatz vertreten. Bis auf das Bundesland Nordrhein Westfalen gib es jedoch keine Integration des Themas Menschenrechte in die Lehrpläne der einzelnen Bundesländer. Dementsprechend beruht die Integration des Themas auf der Initiative einzelner Lehrer und ist sowohl methodisch als auch fachlich unkoordiniert (Mihr, Rosemann 2004, S. 36).

5.2. amnesty international im Blickpunkt von Meinungsumfragen

Ähnlich wie beim Thema Menschenrechte wurde ai erst in den 1990er Jahren zum Forschungsgegenstand repräsentativer Meinungsumfragen. In einer der wenigen Untersuchungen wird ai 1985 immerhin auf Platz 5 der angesehensten Organisationen in der Bundesrepublik Deutschland genannt (Müller 1989, S. 48). Fast 15 Jahre später hat sich an dem positiven Image der Organisation nichts geändert. Im Emnid- Imageranking von 1998 nimmt ai mit 4.1 Punkten den fünften Platz ein.[72] Eine genauere Betrachtung (Abbil-

---

71 Zitat einem Interview mit der Autorin vom 18.05.2006 entnommen.

72 Mit 4,4 Punkten lagen 1998 beim Emnid- Spendenmonitor Ärzte ohne Grenzen an der Spitze der Organisationen bei der Imagebewertung, jeweils 4,1 Punkte erreichten AIDS- Hilfe, Aktion Sorgenkind (heute Aktion Mensch), ai, Deutsche Multiple Sklerose Gesellschaft, SOS-Kinderdörfer und World Vision Deutschland. Erstellt wurden Imageprofile nach Wirksamkeit, Umgang mit Spenden, Bedeutung der vertretenen Anliegen, Kompetenz, Modernität, Professionalität und Weitblick. Aus

dung 14, Deutscher Fundraisingverband: Emnid-Spendenmonitor 1998) zeigt, dass ai die höchsten Werte bei den Items Kompetenz und Professionalität erreicht:

Abbildung 14: Imageprofil ai in der Bundesrepublik Deutschland 1997

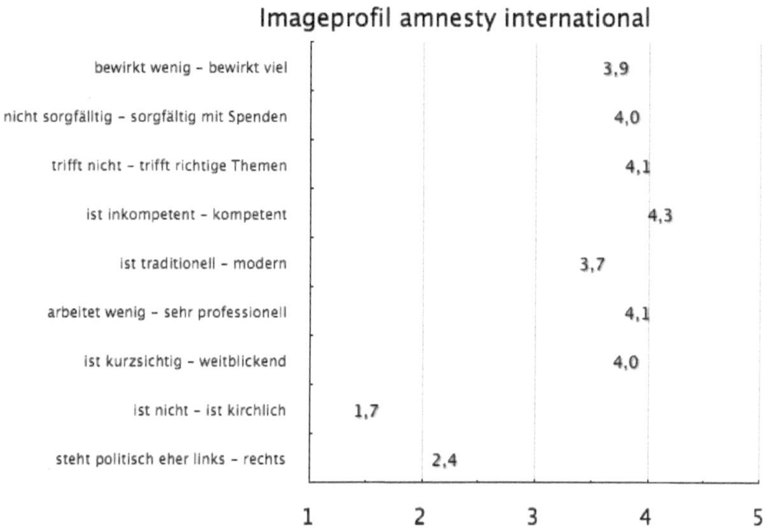

Besonders hoch im Vergleich mit anderen Organisationen und staatlichen Institutionen ist das Vertrauen in Menschenrechtsgruppen auch unter den deutschen Jugendlichen. Die Shell-Jugendstudie weist hinsichtlich von Menschenrechtsgruppen für 1997 einen Wert von 3.5 aus. Umweltschutzgruppen erreichten allerdings einen noch höheren Wert von 3.8 (Jugendwerk der deutschen Shell 1997, S. 296).[73] Noch höhere Imagewerte erlangt ai unter den sog. „Meinungsführern". In einer Liste der vertrauenswürdigsten Organisationen, die das PR-Netzwerk Edelman seit 2001 erhebt, erreicht ai 2006 mit 79% den ersten Platz, nachdem die Organisation 2005 mit

der Addition dieser Werte entstand ein Gesamt-Ranking (Deutscher Fundraisingverband: EMNID-Spendenmonitor 1998).

73 Den Befragten wurde eine Liste von Institutionen und Organisationen vorgelegt mit der Bitte, das Ausmaß des Vertrauens, das sie ihnen entgegenbringen, auf einer Skala von 1(=sehr wenig Vertrauen) bis 5 (=sehr viel Vertrauen) anzugeben (Jugendwerk der deutschen Shell 1997, S. 296).

73% noch hinter Greenpeace gelegen hatte.[74] In keinem anderen europäischen Land kommt ai auf einen höheren Wert. Greenpeace und ai sind seit 2001 die mit Abstand vertrauenswürdigsten NGOs unter den deutschen Meinungsführern (Abbildung 15, Edelman Trust Barometer 2005, S. 13):

Abbildung 15: Edelman Trust Barometer 2005: NGO- Highlights 2001-2005

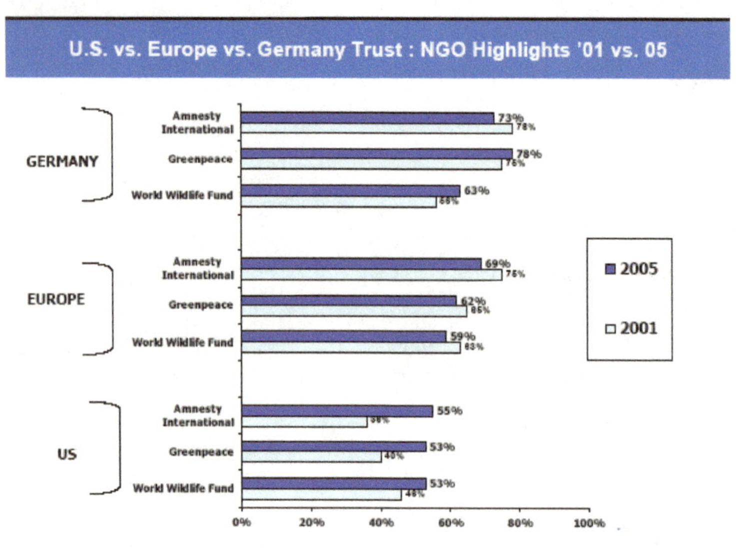

74 Das Edelman Trust-Barometer ist eine jährliche Umfrage, in der weltweit Meinungsführer zu Vertrauen und Glaubwürdigkeit von Institutionen, Unternehmen und Medien befragt werden. Die siebte Studie wurde von dem Marktforschungsunternehmen StrategyOne durchgeführt. Im Oktober 2005 wurden 25-minütige Telefoninterviews mit fast 2.000 Meinungsführern in elf Ländern durchgeführt: 400 in den USA, 750 in Europa (jeweils 150 in Großbritannien, Frankreich, Deutschland, Italien und Spanien), 200 in China und jeweils 150 in Kanada, Japan, Brasilien und Süd-Korea. Als Meinungsführer wurden Personen definiert, die zwischen 35 und 64 Jahre alt sind, einen Hochschulabschluss besitzen, über ein jährliches Einkommen von mindestens 75.000 US-Dollar verfügen und im politischen, wirtschaftlichen und medialen Bereich engagiert bzw. signifikant interessiert sind. Edelman ist mit 2.000 Mitarbeitern und 43 Büros weltweit die größte unabhängige PR-Agentur. Das Edelman Netzwerk umfasst verschiedene Spezialfirmen u.a. in den Bereichen Werbung, Management Consulting, Marktforschung (Edelman 2005, S. 2).

Ungeachtet dessen besteht eine statistisch nachweisbare Diskrepanz zwischen dem Grad der Wertschätzung in der deutschen Bevölkerung und der tatsächlichen finanziellen Unterstützung von gemeinnützigen Organisationen. ai befindet sich zwar mit 19% unter den zehn wertgeschätztesten Organisationen, erreicht aber nur eine faktische finanzielle Unterstützung von 2%: (Abbildung 16, Deutscher Fundraisingverband: TNS-Emnid-Spendenmonitor 2001):[75]

Abbildung 16: Diskrepanz zwischen Wertschätzung und Unterstützung von NGOs in der Bundesrepublik Deutschland

Organisation	Wertschätzung	Tatsächliche Unterstützung
Deutsche Rotes Kreuz	37 %	14 %
SOS-Kinderdörfer	32 %	9 %
Deutsche Krebshilfe	30 %	4 %
Brot für die Welt	26 %	8 %
unicef	23 %	3 %
Ärzte ohne Grenzen	21 %	3 %
Greenpeace	20 %	2 %
Deutsche Welthungerhilfe	19 %	3 %
amnesty international	19 %	2 %
AIDS-Hilfe	18 %	2 %

Auch hinsichtlich der Bereitschaft zur testamentarischen Berücksichtigung gemeinnütziger Organisationen in der deutschen Bevölkerung liegt ai im hinteren Feld (Abbildung 17, Deutscher Fundraisingverband: Emnid-Spendenmonitor 1998):[76]

---

75 Die Frage zur Wertschätzung lautete: "Stellen Sie sich vor, Sie könnten es sich leisten, 1000 Mark zu spenden. Welchen gemeinnützigen Organisationen würden Sie dann auf jeden Fall eine Spende zukommen lassen?" (Liste mit 48 Spendenorganisationen wird vorgelegt). Die Frage zur tatsächlichen Unterstützung lautete: "Welche der folgenden Organisationen, die auf den Kärtchen stehen, haben Sie (in den letzten 12 Monaten) mit einer Spende unterstützt?" (Liste mit 48 Spendenorganisationen wird vorgelegt) (Deutscher Fundraisingverband: TNS-EMNID-Spendenmonitor 2001).

76 Befragte mit grundsätzlicher Bereitschaft zur testamentarischen Berücksichtigung gemeinnütziger Organisationen. Die Frage lautete: "Und welche Organisation bzw. Organisationen würden Sie in erster Linie als Erben einsetzen?" Angaben in %. (Liste mit 45 Spendenorganisationen wird vorgelegt) (Deutscher Fundraisingverband: EMNID-Spendenmonitor 1998).

Abbildung 17: Bereitschaft zur testamentarischen Berücksichtigung von NGOs in der Bundesrepublik Deutschland

SOS-Kinderdörfer	31%
Deutsches Rotes Kreuz	21 %
Deutsche Krebshilfe	19 %
Aktion Sorgenkind	9 %
Brot für die Welt	9 %
Unicef	9 %
Greenpeace	8 %
amnesty international	8 %
Kindernothilfe	8 %

Die vorliegenden Ergebnisse decken sich mit den Befunden der Menschenrechtsstudien der Universität Leipzig von 2002 und 2003, nach denen sich nur ein geringer Prozentsatz de facto bereit zeigte, eine Menschenrechtsorganisation zu unterstützen oder sich in ihr zu engagieren. Dies widerspiegelt sich auch in den Shell-Studien von 1997 und 2002, die den organisatorischen bzw. institutionellen Zusammenhang der gesellschaftlichen Aktivität von Jugendlichen zu erfassen versuchten. Trotz des positiven Images von ai und der grundsätzlichen Befürwortung einer Mitarbeit gaben 1997 nur 7% der Jugendlichen an, sich faktisch zu engagieren (Jugendwerk der deutschen Shell 1997, S. 335). Auch die 14. Shell Jugendstudie 2002 zeigte eine auffallend geringe Bereitschaft von Jugendlichen im Alter von 12 bis 25 Jahren zum Engagement bei Greenpeace, ai oder in anderen Hilfsorganisationen (Abbildung 18, Shell- Jugendstudie 2002, S. 203):

Abbildung 18: Shell- Jugendstudie 2002: Wie bzw. wo man gesellschaftlich aktiv ist (Angaben in %)

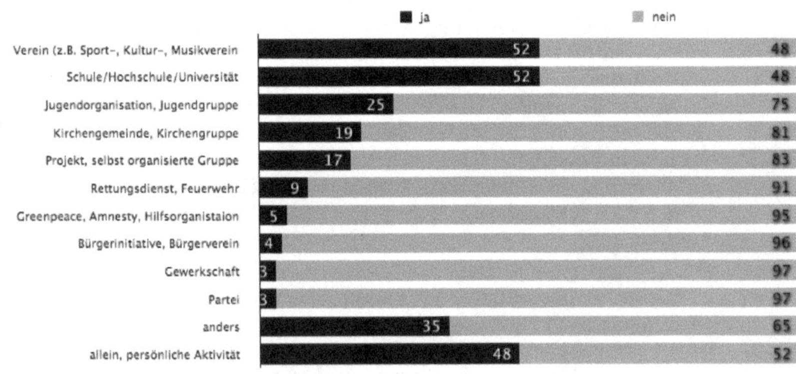

Hinsichtlich des positiven Images von ai vermutet Christoph Strässer drei Gründe: „ai ist glaube ich, eine der ganz wenigen Organisationen, die international tätig sind und über den gesamten Zeitraum ihrer Existenz keinerlei Skandale hatten. Außerdem die sehr deutliche Abgrenzung von politischen Organisationen, ai lässt sich von niemandem vereinnahmen. Und ich glaube, ai ist in einer Welt von materialistischen und egoistischen Ansprüchen ein Anker. Da gibt es Leute, die kümmern sich wirklich und tun das für andere und nicht für ihren eigenen Profit. Das kommt, glaube ich, schon an" (Strässer, 12.05.2006, S, 5).[77] Anja Mihr geht sogar noch einen Schritt weiter. Sie mutmaßt, dass sich viele Menschen mit den Themen, die ai derzeit anspräche, identifizieren könnten, sofern diese besser vermittelt und den Bedürfnissen einer breiten Bevölkerungsschicht angepasst seien (Mihr 18.05.2006, S. 7).[78] Diese Identifikation betrachtet sie durchaus kritisch und vermutet, wenn ai sich in Form einer offensiveren Öffentlichkeitsarbeit für die wirtschaftlichen, sozialen und kulturellen Menschenrechte einsetzen würde, die Organisation auch in der Öffentlichkeit kontroverser hinterfragt und diskutiert werden würde: „was aber keineswegs abwegig, sondern zu begrüßen ist." Sie kündigt an, dass ai für 2007/2008 eine weltweite ai- Kampagne geplant hat, um das Thema Armut als Ursache von Menschenrechtsverletzungen stärker in die Öffentlichkeit zu bringen. Im Rahmen der Kampagne würden beispielsweise das Recht auf Arbeit sowie das Recht auf Bildung stärker angesprochen (ebd., S. 7).[79]

Tatsächlich hat sich die deutsche Sektion von ai in ihrem Agenda Setting bislang auf besonders massive Menschenrechtsverletzungen konzentriert. Diese selektive Herangehensweise könnte dazu geführt haben, dass Menschenrechte in der deutschen Öffentlichkeit als ein Thema gesehen werden, dass Deutschland nicht oder nur im Einzelfall betrifft, da diese in Deutschland nicht stattfinden. Eine formale Demokratisierung bedeutet aber nicht notwendigerweise die Existenz einer Menschenrechtskultur (Lange 2001, S. 271). Diese ist dadurch charakterisiert, dass die Mehrheit der Menschen in einem Land sich mit den entsprechenden universellen Regeln und Grundrechten identifiziert, danach handelt und diese effektiv einfordert. Eine solche Kultur beinhaltet auch ein gesellschaftliches Engagement hinsichtlich der Menschenrechte in großem Umfang und die Existenz politischer und verfassungsrechtlicher Institutio-

---

77 Zitat einem Interview mit der Autorin vom 12.05.2006 entnommen.

78 Zitat einem Interview mit der Autorin vom 18.05.2006 entnommen.

79 Zitat einem Interview mit der Autorin vom 18.05.2006 entnommen.

nen, in denen sich Menschen frei entfalten und ihre Rechte einfordern können. Auch müssten Kenntnisse über Menschenrechte, das Bewusstsein von Menschenrechten und einem verantwortungsvollen Handeln entsprechend der Menschenrechte vorhanden sein. Würden diese drei Elemente in der gesellschaftspolitischen Kulturlandschaft mehrheitlich zum Ausdruck kommen, so wäre die Forderung nach Menschenrechtsbildung überflüssig. Dass dem nicht so ist, zeigen Umfragen und Studien der letzten Jahre (Mihr 2004, S. 221).

5.3. Zwischenergebnis

Ansatzpunkt bildete die Annahme, mithilfe demoskopischer Methoden könne das gesellschaftspolitische Mobilisierungspotential von ai in der Bundesrepublik Deutschland erfasst werden. Indikatoren hierfür waren einerseits thematisch bezogen das Wissen und Einstellungen zu den Menschenrechten und andererseits organisationsbezogen das „Image" von ai und das faktische Engagement. Die Befunde der Universität Leipzig 2002 und 2003 zeigen deutlich: während im Hinblick auf das Wissen über Menschenrechte in der Bevölkerung große Defizite bestehen und die Einsatzbereitschaft für Menschenrechte gering ausgeprägt ist, lässt sich gleichzeitig eine hohe Wertschätzung der Menschenrechtsidee in der Bevölkerung feststellen. Der weltweiten Verwirklichung von Menschenrechten wird gleichermaßen bei Ost- und Westdeutschen eine hohe Bedeutung zugemessen. Dieser ambivalente Befund spiegelt sich auch in den auf ai bezogenen Umfragen wider: während das Image von ai sehr positiv ist, ist die Bereitschaft, sich in der Organisation zu engagieren, relativ gering.

Als Gründe für die Diskrepanz sind verschiedene organisationsinterne (endogene) Faktoren als auch gesellschaftliche (exogene) Faktoren vorstellbar. Zu den endogenen Faktoren zählen neben dem organisationsinternen elitären Selbstverständnis, das ausgrenzend gewirkt hat, auch die Themen- und Aktionspalette von ai. Das ai-spezifische Agenda Setting konzentrierte sich bis 2001 nur auf ein begrenztes Spektrum von Menschenrechtsverletzungen und stellte infolgedessen allenfalls punktuell einen konkreten Bezug zur Bundesrepublik Deutschland her. Es erzeugte wenig Reibungsfläche in der Öffentlichkeit, schuf aber auch keine Identifikation, da die Wahrnehmung geschürt wurde, es handelte sich nicht um Menschenrechtsverletzungen, die im eigenen Land geschähen. Die Ergebnisse der Shell-Jugendstudien deuten auch auf eine verbesserungswürdige Nachwuchsarbeit bei ai hin. Es scheint der Organisation nicht zu gelingen, junge Menschen altersgerecht anzusprechen und längerfristig an sich zu binden. Unter exogenen Faktoren lässt sich zunächst ein gesellschaftlicher Wertewandel, der mit Individualisierungstendenzen einhergeht, vermuten. Die Befunde weisen auch auf ein Defizit in demokratischer Menschenrechtsbildung insbesondere in Ost-, aber auch in Westdeutschland hin. Menschenrechte scheinen in Schulen zu wenig vermittelt zu werden. Offenbar bedarf es einer umfassenderen Menschenrechtsbildung. Die Ergebnisse lassen aber auch die Interpretation zu, dass ein recht hohes Potenzial zum Engagement für Menschenrechte in der Bevölkerung vorhanden ist. Allerdings zeigen die Befunde eine Korrelation zwischen einem höheren Engagement für menschenrechtliche Belange und einem höheren formalen Bildungsniveau. Andere Variablen wie das Geschlecht, der sozioökonomische Status, eine Erwerbstätigkeit oder das Alter scheinen dagegen kaum einen systematischen Einfluss auf den Einsatz für Menschenrechte zu haben.

6. Fazit

Ausgangspunkt für die vorliegende Arbeit war die Frage, inwiefern es der Nichtregierungsorganisation ai im Lauf ihrer 45-jährigen Organisationsgeschichte gelungen ist, sich in der Bundesrepublik Deutschland von einer Gefangenenhilfsorganisation zu einem gesellschaftspolitischen Akteur zu entwickeln. Als eine zentrale Voraussetzung für die Zuschreibung zum gesellschaftspolitischenAkteur wurde auf die Annahme von Jürgen Habermas zurückgegriffen, der das besondere Akteurspotential von Nichtregierungsorganisationen in ihrer Fähigkeit zur Mobilisierung der Öffentlichkeit identifiziert hat. Um die Öffentlichkeit zu mobilisieren, sind Ressourcen erforderlich, auf die eine NGO zurückgreifen kann. Deshalb wurde in einem ersten Schritt die Entwicklung der organisationsinternen Ressourcen betrachtet, die ai in der Bundesrepublik Deutschland im Lauf ihrer Organisationsgeschichte ausgebildet hat. Besonderes Augenmerk galt den Strategien der Organisation, die sie entwickelte, um auf zentrale Bereiche des gesellschaftspolitischen Lebens einzuwirken. Dazu zählt die Einwirkung auf die Medien und das gesellschaftsethische Wertesystem wie auch auf die politische und soziale Kultur. Zudem sollte herausgearbeitet werden, ob sich ein organisationsinternes elitäres Selbstverständnis nachweisen lässt und durch welche Faktoren dieses entstanden sein könnte. Anschließend wurden Meinungsumfragen, in der nach der Einstellung zu den Menschenrechten und der Einstellung zu ai gefragt wurde, herangezogen, um zu untersuchen, inwiefern ai in der Bundesrepublik Deutschland eine öffentlichkeitsmobilisierende Funktion zugesprochen werden kann.

ai begriff sich in ihrem Selbstverständnis bis 1991 primär als Gefangenenhilfs- und nicht als Menschenrechtsorganisation. Die wirtschaftlichen, sozialen und kulturellen Rechte, so wie sie im Internationalen Sozialpakt von 1966 festgeschrieben sind, wurden bis 1991 aus dem Arbeitsrahmen ausgeklammert. Dieses selektive Menschenrechtsverständnis auf der internationalen Ebene wirkte unmittelbar auf das Akteursverständnis der nationalen Sektion in der Bundesrepublik Deutschland zurück. Zudem führten die drei organisationsinternen Grundsätze der Neutralität, der Ausgewogenheit und der Unabhängigkeit, die implizierten, nicht oder nur sehr eingeschränkt zum eigenen Land zu arbeiten, zu einem strategisch begründeten Ausgrenzungsverständnis von Menschenrechtsverletzungen in der Bundesrepublik Deutschland. Bis 1992 wurden in den ai-Jahresberichten hinsichtlich der Bundesrepublik Deutschland vorrangig die Haftbedingungen von politischen Gefangenen fokussiert. Dadurch erreichte ai andererseits den Zugang zu politischen Entscheidungsträgern und Verhandlungsforen. Wo aber gewichtige Interessen anderer politischer oder wirtschaftlicher Akteure in der Bundesrepublik Deutschland berührt waren, gelang es der Organisation nicht, dazu beizutragen, dass ihre Positionen auch tatsächlich politisch implementiert wurden. Insofern erscheint es problematisch, ai als gesellschaftspolitischen Akteur zu bezeichnen, begreift man den Akteursbegriff in dem Sinne, dass unter einem solchen ein Agierender bezeichnet wird, der an politischen Entscheidungen beteiligt ist. Stattdessen identifizierte die Organisation eine strukturell bedingte Akteursnische im politischen System: die wissensbasierte Expertise zu Menschenrechtsverletzungen in einzelnen Ländern. Weder die Medien noch die Gerichte waren in der Lage, diese Expertise zu gewährleisten. Dementsprechend setzte die deutsche Sektion einen Schwerpunkt auf die Mobilisierung der wissensbasierten Ressourcen und einen weiteren auf die Mobilisierung der medien- und öffentlichkeitsbezogenen Ressourcen.

Als Dokumentationszentrum für länder- und themenbezogene Expertise baute sie seit ihrer Gründung 1961 auf der Grundlage eines größtenteils ehrenamtlich dezentralen Informationsnetzwerkes eine ausdifferenzierte Gruppenstruktur auf. Die Organisation übernahm angelehnt an Brunnengräber den Sprechertypus des „unabhängigen Experten" und war infolgedessen gezwungen, trotz der Abhängigkeit von ehrenamtlichen Kapazitäten eine qualitativ hohe Expertise sicherstellen. Dies erforderte auf Seiten der Mitgliedschaft hohe Sachkompetenzen und die Bereitschaft zu einer zeitintensiven Mitarbeit. So lässt sich erklären, warum sich organisationsinterne soziale Selektionskriterien für ein Engagement bei ai herausbildeten. Das bedeutendste Kriterium waren Fremdsprachen-, aber auch berufsbezogene spezielle Sachkenntnisse. Gezielt wurden gewisse Berufsgruppen wie Juristen, Journalisten und Ärzte rekrutiert und durch spezifische Selektionsprozesse bildungsfernen Schichten der Zugang erschwert. In der Folge entwickelte sich bezüglich der soziologischen Struktur der Mitgliedschaft eine erhebliche Homogenität, die sich vor allem aus der Mittel- und Oberschicht rekrutierte. Auf diese Weise konnte sich auch ein organisationsinterner elitärer Habitus entwickeln, den die Organisation intern weder problematisiert noch reflektiert hat. Lediglich eine interne Untersuchung zur soziologischen Struktur der Mitgliedschaft ist in der 45-jährigen Organisationsgeschichte vom Generalsekretariat der deutschen Sektion in Auftrag gegeben worden.

Der zweite Schwerpunkt der medien-und öffentlichkeitsbezogenen Ressourcen, die ai aktivieren konnte, war eng mit den wissensbasierten Ressourcen verzahnt. Ab Ende der 1960er Jahre, in der die deutsche Sektion den größten Mitgliederzuwachs zu verzeichnen hatte, entwickelte sich ai innerhalb der deutschen Medien zur selbständigen Nachrichtenagentur, die auf nicht-kommerzieller Basis Informationen bereitstellte. Es gelang ihr, in einem Defizitbereich der etablierten Medien eigenständig Informationen zu recherchieren und diese in das System der Massenkommunikation einzuspeisen. Ab den 1980er Jahren wurde die Expertise von ai verstärkt in verwaltungsgerichtlichen Verfahren in Form von Gutachten nachgefragt.

In den 1990er Jahren wandelte sich das Akteursselbstverständnis von der Gefangenenhilfsorganisation hin zu einer Menschenrechtsorganisation. Die deutsche Sektion von ai geriet in eine Identitätskrise. Während einerseits eine thematische Ausweitung stattfand, die in der deutschen Sektion größere personelle, finanzielle und öffentlichkeitsbezogene Ressourcen erforderte, brachen der deutschen Sektion andererseits ehrenamtliche Arbeitskapazitäten weg. Trotz einer leichten Zunahme an Einzelmitgliedern ging die Anzahl der Gruppen zurück. In der Folge professionalisierte die deutsche Sektion die Ressourcenbildung. Bis dahin größtenteils ehrenamtlich organisiert, ließ sich ab den 1990er Jahren eine stärkere Zentralisierung bei der Finanzbeschaffung, in der Öffentlichkeitsarbeit, im Lobbyingbereich und bei der Mitgliederakquise beobachten.

2001 weiterte ai ihr Arbeitsfeld erneut aus und beschloss, nunmehr zu den wirtschaftlichen, sozialen und kulturellen Rechten zu arbeiten. Die deutsche Sektion lehnte in Teilen die Erweiterung des Arbeitsrahmens ab. Sie wollte ein „Kernmandat" erhalten. Seitdem befindet sich die deutsche Sektion in einem tief greifenden Wandlungsprozess. Selbst eine Spaltung scheint nicht ausgeschlossen.

Trotz einer inzwischen offensiveren Öffentlichkeitsarbeit kann ai nur eine begrenzte öffentlichkeitsmobilisierende Funktion zugesprochen werden. Medienanalysen aus den Jahren 2004 und 2005 zeigen, dass ai die zwar mit Abstand am häufigsten genannte Informationsquelle in bezug auf Menschenrechtsverletzungen ist, es aber nur in geringem Maß schafft, die deutschen Medien für das Thema Menschenrechte zu interessieren. Insofern relativieren die empirischen Befunde die theoretische, wenn auch idealtypische Annahme von Habermas. Hinsichtlich der öffentlichen Meinung ergibt sich ein ambivalentes Bild: während ai hohe Imagewerte erreicht, ist die Bereitschaft zu einem faktischen Engagement sehr gering. Auffallend sind auch deutliche Defizite hinsichtlich der Menschenrechtsbildung in der deutschen Bevölkerung, besonders bezogen auf den Wissensbereich. Darauf weisen die Ergebnisse zweier Studien von 2002 und 2003, die erstmals zuverlässige Daten zur Einstellung der Deutschen zu den Menschenrechten bieten, hin. Durchschnittlich 2,7 von 30 Artikeln der Allgemeinen Erklärung der Menschenrechte konnten die Befragten benennen. Sowohl hinsichtlich des Engagements als auch im Wissensbereich zeigten die Befragten mit einem höheren Bildungsniveau eine höhere Affinität zu den Menschenrechten.

Die mangelhafte Kenntnis der Menschenrechte steht ganz offenbar in einem eklatanten Widerspruch zur subjektiven Einstellung gegenüber den Menschenrechten. Menschenrechte werden von 76% aller Befragten als äußerst wichtig erachtet.

Die Umfrageergebnisse zum absoluten Folterverbot stellen jedoch einen herrschenden öffentlichen Konsens über das Thema Menschenrechte in Frage. Es besteht ganz offenbar eine Diskrepanz zwischen dem positiven Image der Organisation und dem von ihr bislang erreichten gesellschaftspolitischen Mobilisierungsgrad.

Vor dem Hintergrund der Umfrageergebnisse lässt sich gleichwohl annehmen, dass die deutsche Sektion von ai das personelle und finanzielle Mobilisierungspotential in der Bundesrepublik Deutschland bislang nicht ausgeschöpft hat.

Die Verantwortung für die defizitäre Menschenrechtsbildung liegt bei den primären Trägern der politischen Willensbildung sowie bei den Bildungsträgern, nicht bei zivilgesellschaftlichen Akteuren wie der deutschen Sektion von ai.

Allerdings stellt sich die Frage, inwiefern die organisationsinterne Binnenstruktur der deutschen Sektion und ihr selektives Menschenrechtsverständnis zu diesen Ergebnissen als Erklärungsansatz heranzuziehen sind. ai hat durch das Prinzip, nicht oder nur sehr eingeschränkt zum eigenen Land zu arbeiten und sich auf massive Menschenrechtsverletzungen zu konzentrieren, dazu beigetragen, dass Menschenrechtsverletzungen als ein Problem wahrgenommen werden, das vornehmlich in anderen Ländern existiert. Auch die strategisch begründete Akquirierung von Berufs- und Personengruppen sowie die innerorganisatorischen Barrieren „Fremdsprachenkenntnisse“ und die Notwendigkeit eines vorhandenen Zeitkontingentes haben eine elitär geprägte Mitgliedschaftsstruktur nach sich gezogen.

Die deutsche Sektion hat es verpasst, Konzepte für eine Mitgliederwerbung zu entwickeln, die nicht nur auf Eliten abzielt. Vor diesem Hintergrund ist in der deutschen Sektion in den nächsten Jahren ein enormer organisationsinterner Umbruchprozess zu erwarten, denn die seit 2001 stattfindende Erweiterung des Themen- und Aufgabenspektrums wird in Zukunft größere finanzielle und personelle Ressourcen erfordern. Der Verein benötigt sowohl finanzielle Mittel als auch mehr personelle Kapazitäten, um die inhaltlichen Ziele verwirklichen zu können und wird infolgedessen mehr Ressourcen mobilisieren müssen, um den erreichten Standard zu wahren.

Unabhängig davon kommt der Menschenrechtsbildung ein zentrales Gewicht zu.

Die Verantwortung für die Menschenrechtsbildung darf nicht nur von der Zivilgesellschaft, sondern muss vom Staat übernommen und systematischer als bisher auf allen Stufen im deutschen Bildungssystem verankert werden. Elemente der Menschenrechtsbildung sollten sowohl in der frühkindlichen Erziehung enthalten sein als auch integraler Bestandteil der Aus- und Fortbildung von Lehrkräften und anderer Berufsgruppen, die mit Menschenrechtsfragen und Menschenrechtsverletzungen befasst sind, wie in den Bereichen Polizei, Militär und Soziales, werden.

Allerdings lässt sich bezweifeln, dass ein stärkeres Engagement für die Menschenrechte allein von Rahmenlehrplänen abhängt. Dieses ist kaum denkbar, wenn elementaren Grundbedürfnissen des Alltags keine Rechnung getragen wird.

Die wirtschaftlichen, sozialen und kulturellen Rechte sind auch in der Bundesrepublik Deutschland keineswegs als moralische Imperative verankert. Wenn ai tatsächlich, wie von Anja Mihr angekündigt, im Jahr 2007/2008 eine Kampagne zum Thema Armut initiieren wird, werden viele Organisationen und die Gewerkschaften, aber auch Wirtschaftsunternehmen und die Medien in der Bundesrepublik Deutschland genau beobachten, auf welche Weise die „vertrauenswürdigste Marke" dieses Thema aufgreifen und wen sie in die Verantwortung nehmen wird: ai könnte ein starker Verbündeter oder Gegner werden.

7. Literatur

amnesty international, Die Deutsche Sektion (Hrsg.): ai -Journal 2006: Eine mutige Frau, Heft 4, S. 24-25

amnesty international, Deutsche Sektion (Hrsg.) 2006 a, Einführung in die Asylarbeit bei amnesty international (Seminarreader)

amnesty international, Der Vorstand der deutschen Sektion 2006 b: Mitteilung an die Mitgliedschaft. „Warum wachsen?“, S. 1-3

amnesty international, Deutsche Sektion (Hrsg.) 2006 c : ai- Jahresversammlung 3. bis 5. Juni 2006, Berlin, Finanzbericht 2005, Budgetvorlage 2006

amnesty international, Deutsche Sektion (Hrsg.) 2006 d: Mitgliederentwicklung 2005

amnesty international, Der Vorstand der deutschen Sektion (Hrsg.) 2005: Auswertung der Befragung der Gruppen und Bezirke zur dezentralen Finanzbeschaffung

amnesty international, Der Vorstand der deutschen Sektion (Hrsg.) 2004: Regelwerk für die Beteiligung von ai an Härtefallkommissionen, Beschlussvorlage für die Vorstandssitzung am 7. und 8. Februar 2004, S. 1-3

amnesty international 2003: Anträge zur Jahresversammlung 2003, Punkt 6 des Beschlusses P-2 der Jahresversammlung

amnesty international (Hrsg.) 2001: 40 Jahre für die Menschenrechte, München

amnesty international, Deutsche Sektion (Hrsg.) 2000: Sekretariatsentwicklung amnesty international: Analysebericht. Zusammenfassung der Ergebnisse der Analysephase. Leitung: Prof. Dr. Vahs

amnesty international, Deutsche Sektion (Hrsg.) 1998: Diskussionsvorlage zur Sitzung des Vorstands am 9./10. Mai, Die Zukunft liegt vor uns!

amnesty international, Deutsche Sektion (Hrsg.) 1996 a: Handbuch Mandat. Intern- nur für Mitglieder, Bonn

amnesty international, Deutsche Sektion (Hrsg.) 1996 b: Eine Information über amnesty International, Bonn

amnesty international (Hrsg.) 1996 c: Jahresbericht 1995, Frankfurt am Main

amnesty international, Deutsche Sektion (Hrsg.) 1994: Handbuch Gruppenarbeit. Teil 2. Intern- nur für Mitglieder, Bonn amnesty international, Deutsche Sektion (Hrsg.) 1991, Generalsekretariat: Vorlage zur Lobbyarbeit für den Vorstand Juli 1991, unveröffentlichtes Dokument

amnesty international (Hrsg.) 1982: Jahresbericht 1981, Frankfurt am Main

amnesty international (Hrsg.) 1979: Jahresbericht 1978, Bonn

amnesty international, Deutsche Sektion (Hrsg.) 1975: Arbeitsrahmen der Sektion der Bundesrepublik Deutschland, Bonn

amnesty international (Hrsg.) 1962: Handbook, London

Bartelt, Dawid Danilo 2004: Erneut im Fokus; in: ai-Journal 2/2004, S. 14-15

Beeko, Markus N.; Bartelt, Dawid O. 2005: amnesty international 2005: putting human rights on the agenda; in: Media Tenor, 12 (2005) 151, S. 62-63

Bentele, Günter (Hrsg.) 2002: Öffentliche Kommunikation, Handbuch Kommunikations- und Medienwissenschaft, Wiesbaden

Bielefeldt, Heiner; Deile, Volkmar; Thomsen, Bernd 1993 (Hrsg.): Menschenrechte vor der Jahrtausendwende, Frankfurt am Main

Birkhölzer, Karl; Klein, Ansgar; Priller, Eckhard; Zimmer, Annette (Hrsg.) 2005: Dritter Sektor/Drittes System. Theorie, Funktionswandel und zivilgesellschaftliche Perspektiven, Wiesbaden

Borg, Erik 2001: Steinbruch Gramsci. Hegemonie im internationalen politischen System; in: Blätter des Informationszentrums Dritte Welt (iz3w) 2001, Nr. 256, S. 16-19

Brand, Ulrich 2005: Zwischen Co-Eliten und alternativen Nichtregierungsorganisationen in der internationalen Biopolitik; in: Brand, Ulrich 2005: Gegen- Hegemonie. Perspektiven globalisierungskritischer Strategien, Hamburg, S. 90-98

Breyman, Steve 1993: Knowledge as Power: Ecology Movements and global Environmental Problems; in: Lipschutz, Ronny; Conca, Ken (Hrsg.) 1993: The State and Social Power in global environmental politics, New York, S. 124-139

Brieskorn, Norbert 1988: amnesty international. Wege und Bemühungen einer Gefangenenhilfsorganisation; in: Aus Politik und Zeitgeschichte: Beilage zur Wochenzeitung Das Parlament, Nr. 49, S. 35- 44

Brunnengräber, Achim 1997: Advokaten, Helden und Experten- NGOs in den Medien; in: FNSB 4/97, S. 13-26

Brunnengräber, Achim; Stock, Christian; Wahl, Peter 2000: Offensive des Lächelns. NGOs als Hoffnungsträger neuer Weltpolitik; in: Brand,

Ulrich; Brunnengräber, Achim; Schrader, Lutz 2000: Global Governance- Alternative zur neoliberalen Globalisierung, Münster

Brunnengräber, Achim; Klein, Ansgar; Walk, Heike (Hrsg.) 2001: NGOs als Legitimationsressource. Zivilgesellschaftliche Partizipationsformen im Globalisierungsprozess, Opladen

Bundesministerium der Justiz 2005: Bekanntmachung der öffentlichen Liste über die Registrierung von Verbänden und ihren Vertretern; in: Bundesanzeiger 2005, Jahrgang 57, Nr. 144 a, S. 13ff.

Bundesregierung der Bundesrepublik Deutschland, 19.01.2000: Politische Grundsätze der Bundesregierung für den Export von Kriegswaffen und sonstigen Rüstungsgütern, S. 1-8, Online im Internet. URL: http://www.auswaertiges-amt.de/diplo/de/Aussenpolitik/AussenWiFoerderung/Dokus-Bilder mU/PolGrds_C3_A4tzeExpKontrolle.pdf

Claudius, Thomas; Stepan, Franz 1976: amnesty international. Portrait einer Organisation, München

Deile, Volkmar 2000: Eine neue Menschenrechtspolitik? Anmerkungen eines engagierten Beobachters; in: von Arnim, Gabriele; Deile, Volkmar; Hutter, Franz-Josef; Kurtenbach, Sabine; Tessmer, Karsten (Hrsg.) 2000: Jahrbuch Menschenrechte 2000, Frankfurt am Main, S. 338-349

Deile, Volkmar; Stern, Carola 2001: Dass es nicht so bleibt wie es ist; in: amnesty international (Hrsg.) 2001: 40 Jahre für die Menschenrechte, München, S. 1-13

Deile, Volkmar 1997: Rechte bedingungslos verteidigen, in: Die Zeit, 24.11.1997, Nr. 48, S. 15

Deutscher Fundraisingverband, 01.07.2006: TNS-EMNID-Spendenmonitor 2001. Online im Internet. URL: http://www.sozialmarketing.de/Wertsch_tzung.155.0.html

Deutscher Fundraisingverband, 01.07.2006: EMNID-Spendenmonitor 1998. Zur grundsätzlichen Bereitschaft bei der testamentarischen Berücksichtigung gemeinnütziger Organisationen., Online im Internet. URL: http:// www.sozialmarketing.de/Erbschaften.165.0.html#114

Deutscher Fundraisingverband, 01.07.2006: EMNID-Spendenmonitor 1998. Imageprofil von amnesty International 1997. Online im Internet. URL: http://:www.sozialmarketing.de/Ranking_der_Organisationen.152.0.html?&no_cache=1&sword_list[]=amnesty&sword_list[]=international

Deutsche Shell (Hrsg.) 2002: Jugend 2002. 14. Shell Jugendstudie, Frankfurt am Main

Deutsche Warentreuhand Aktiengesellschaft IBDO 2005: Bericht über die Prüfung der Vermögenssaufstellung von amnesty international und der Gewinn- und Verlustrechnung für das Geschäftsjahr 2005, Sektion der Bundesrepublik Deutschland e.V. zum 31.12.2005, unveröffentlichtes Dokument

Dialog Direct, 24.07.2006: Über uns. Online im Internet. URL: http://www.dialogdirekt.de/html/frameset/htm

Edelman 2006: Edelman Trust Barometer 2006. The Seventh Global Opinion Leaders Study, Frankfurt am Main

Edelman 2005: Edelman Trust Barometer 2005. The Sixth Global Opinion Leaders Study, Frankfurt am Main

FAZ. NET 26.02.2003: Mehrheit der Bundesbürger für Gewaltandrohung in Verhören. Online im Internet.
URL:
http://www.faz.net/s/Rub02DBAA63F9EB43CEB421272A670A685C/Doc~ED46F5F75687D40BBA2E0B6799B916D58~ATpl~Ecommon~Sspezial.html

Frantz, Christiane 2002: Nichtregierungsorganisationen (NGOs) in der sozialwissenschaftlichen Debatte; in: Frantz, Christiane; Zimmer, Annette (Hrsg.) 2002: Zivilgesellschaft international. Alte und neue NGOs, Opladen, S. 51- 81

Frantz, Christiane; Zimmer, Annette (Hrsg.) 2002: Zivilgesellschaft international. Alte und neue NGOs, Opladen

Gallus, Alexander; Lühe, Marion 1998: Öffentliche Meinung und Demoskopie. Beiträge zur Politik und Zeitgeschichte, Opladen

Gemeinsame Konferenz Kirche und Entwicklung (GKKE) 09.08.2005: Rüstungsexportbericht 2005. Online im Internet.
URL:
http://www.uni-kassel.de/fb5/frieden/themen/export/gkke05.html

Gesterkamp, Harald; Neumann, Eva 2001: amnesty international und die Medien - eine nicht kommerzielle Nachrichtenagentur?; in: amnesty international (Hrsg.) 2001: 40 Jahre für die Menschenrechte, München, S. 169- 176

Gottstein, Margit 1993: Asyl ist Menschenrecht; in: Bielefeldt, Heiner; Deile, Volkmar; Thomsen, Bernd 1993(Hrsg.): Menschenrechte vor der Jahrtausendwende, Frankfurt am Main, S. 152-162

Greiffenhagen, Martin (Hrsg.) 2002: Handwörterbuch zur politischen Kultur der Bundesrepublik Deutschland, Wiesbaden

Haas, Ernst B. 1990: When Knowledge is Power. Three models of change in international organisations, Berkeley

Habermas, Jürgen 1992: Faktizität und Geltung, Frankfurt am Main

Heins, Volker 2002: Weltbürger und Lokalpatrioten. Eine Einführung in das Thema Nichtregierungsorganisationen, Opladen

Hirsch, Joachim 2001: Die Zukunft des Staates, Wiesbaden

Hirsch, Joachim 1999: Das demokratisierende Potential von „Nichtregierungsorganisationen"; in: Institut für Höhere Studien (IHS) Oktober 1999: Reihe Politikwissenschaft, N. 65, Wien

Holm, Claus 1995: Post für Häftling 21649; in: Spiegel Special 1995: Politik von unten: Greenpeace, Amnesty & Co. Die Macht der Mutigen, S. 93-95

Holtmann, E. 2002: Politik-Lexikon, München, Wien

Huttmer, Franz-Josef; Tessmer, Carsten (Hrsg.) 1997: Die Menschenrechte in Deutschland. Geschichte und Gegenwart, München

IBDO Deutsche Warentreuhand Aktiengesellschaft 2004: Bericht über die Prüfung zur Vermögensaufstellung zum 31.12..2004 und der Gewinn- und Verlustrechnung für das Geschäftsjahr 2004 von amnesty international, Sektion der Bundesrepublik Deutschland e.V., Köln, unveröffentlichtes Dokument

IMW Köln 1989: Befragung im Auftrag von amnesty international: Neue Mitarbeiter/ Interessenten. Auswertung September 1989, unveröffentlichte Studie

Initiativausschuss für Migrationpolitik in Rheinland-Pfalz, 24.07.2007: Härtefallkommissionen. Online im Internet. URL: http://www.ini-migration.de/www/aktuell/haertefall_k

Jugendwerk der deutschen Shell (Hrsg.) 1997: Jugend 97. Zukunftsperspektiven, Gesellschaftliches Engagement. Politische Orientierungen, Opladen

Klein, Ansgar 2001: Der Diskurs der Zivilgesellschaft; in: Westfälische Wilhelms-Universität Münster, Münsteraner Diskussionspapiere zum Nonprofit-Sektor, Nr. 6, S. 1-35

Köhne, Gunnar (Hrsg.) 1998: Die Zukunft der Menschenrechte, Reinbek

Lange, Peter 1986: amnesty international in der Tagespresse der Bundesrepublik Deutschland, Unveröffentlichte Magisterabschlussarbeit am Institut für Publizistik und Kommunikationspolitik im Fachbereich Kommunikationswissenschaften der Freien Universität Berlin

Lange, Peter 2001: Die erfolgreichste Internationale des 20. Jahrhunderts: 40 Jahre amnesty international; in: Arnim, Deile, Hutter, Kurtenbach,

Tessmer (Hrsg.) 2001: Jahrbuch Menschenrechte 2001, Frankfurt am Main, S. 264-271

Lenz, Carsten ; Ruchlack, Nicole 2001: Kleines Politik-Lexikon, München

Lochbihler, Barbara, 08.03.2004: Die deutsche ai-Generalsekretärin im tacheles.02.Chat. Online im Internet. URL: http:// www.tagesspiegel.de/Tacheles.02/artikel.asp?TextID=36810

Mannheimer Zentrum für Europäische Sozialforschung (MZES) an der Universität Mannheim; Wüst, Andreas M; Schmitt, Hermann (Hrsg.) 2002: Kandidatenumfrage zur Bundestagswahl 2002, Mannheim

Marx, Reinhard 2001: amnesty international - Die Hervorbringung einer spezifischen Strategie aus dem aktuellen Kontext des menschenrechtlichen Diskurses; in: amnesty international (Hrsg.) 2001: 40 Jahre für die Menschenrechte, München, S. 14-33

Mayer-Tasch, Peter Cornelius 1990: Umweltinitiativen und internationale Umweltpolitik. Eine Problemskizze; in: Zeitschrift für Parlamentsfragen. 37: 2, S. 172-179

Media Tenor, 24.07.2006: Media Tenor. Institut für Medienanalyse. Methodik. Online im Internet. URL: http://www. Mediatenor.de/methodology.phb

Messner, Dirk 1998: Die Zukunft des Staates und der Politik, Bonn

Meyers Lexikon online, 24.04.2006: Spiegelaffäre. Online im Internet. URL:
http://www.lexikon.meyers.de/meyers/Spiegelaff%C3%A4re

Mihr, Anja 2004: Demokratie, Menschenrechtskultur und Menschenrechtsbildung in Deutschland; in: Mahler, Claudia; Mihr, Anja (Hrsg.) 2004: Menschenrechtsbildung. Bilanz und Perspektiven, Wiesbaden, S. 219- 231

Mihr, Anja; Rosemann, Nils 2004: Bildungsziel: Menschenrechte. Standards und Perspektiven für Deutschland, Schwalbach/Taunus

Mihr, Anja 2002: amnesty international in der DDR. Der Einsatz für Menschenrechte im Visier der Stasi, Berlin

Minarek, Katrin 2004: Ein Glücksfall. Das Forum Menschenrechte feiert sein 10-jähriges Bestehen; in: ai-Journal 3/ 2004, S. 25

Müller, Leo A. 1989: Betrifft: amnesty international, München

Müller, Wolfgang (Hrsg.) 1986: Der Duden. Sinn- und sachverwandte Wörter, Mannheim; Wien; Zürich

Noelle-Neumann, Elisabeth; Institut für Demoskopie Allensbach (Hrsg.) 1977: Allensbacher Jahrbuch der Demoskopie 1976-1977, Band VII, Wien, München, Zürich, Innsbruck

Noelle-Neumann, Elisabeth; Piel, Edgar (Hrsg.) 1983: Allensbacher Jahrbuch der Demoskopie 1978-1983, Band VIII, München, New York, London, Paris

Noelle-Neumann, Elisabeth; Köcher, Renate (Hrsg.) 1993: Allensbacher Jahrbuch der Demoskopie 1984-1992, Band 9, München, New York, London, Paris

Noelle-Neumann, Elisabeth; Köcher, Renate (Hrsg.) 1997: Allensbacher Jahrbuch der Demoskopie 1984-1992, Band 10, München, New York, London, Paris

Nohlen, Dieter (Hrsg.) 1998 : Wörterbuch Staat und Politik, München

Nuscheler, Franz 1993: Menschenrechtliche Doppelstandards in der Entwicklungspolitik, in: Tetzlaff, Rainer (Hrsg.) 1993: Menschenrechte und Entwicklung, Bonn (Stiftung Entwicklung und Frieden), S. 79-95

Peters, Bernhard 1994: Der Sinn von Öffentlichkeit, in: Neidhard, Friedhelm (Hrsg.) 1994: Öffentlichkeit, Öffentliche Meinung, Soziale Bewegungen, Opladen, S. 42-76

Raschke, Joachim 1985: Soziale Bewegungen, Frankfurt am Main

Rothgang, Heinz 1990: Die Friedens-und Umweltbewegung in Großbritannien, Wiesbaden

Rürup, Ingeborg 2001: Vom lästigen Mahner zum gefragten Partner. Das Forum Menschenrechte- eine Erfolgsgeschichte?; in: Vorgänge 155. Zeitschrift für Bürgerrechte und Gesellschaftskritik, 40. Jahrgang, Heft 3, September 2001, Berlin, S. 233-236

Scherrer, Christoph 2001: Nichtregierungsorganisationen und postfordistische Politik. Aspekte eines kritischen NGO Begriffs; in: Brunnengräber, Achim; Klein, Ansgar; Walk, Heike (Hrsg.) 2001: NGOs als Legitimationsressource. Zivilgesellschaftliche Partizipationsformen im Globalisierungsprozess, Opladen, S. 33-39

Schmidt, Linda 2002: Innenansichten- Gespräche mit Gründerinnen und Gründern der deutschen Sektion von amnesty international, in: amnesty international (Hrsg.) 2001: 40 Jahre für die Menschenrechte, München, S. 47-56

Schubert, Klaus; Klein, Martina 2003: Das Politiklexikon, Bonn

Sebald, Martin; Straßner, Alexander 2004: Verbände in der Bundesrepublik Deutschland. Eine Einführung, Wiesbaden

Sommer, Gert; Stellmacher, Jost; Brähler, Elmar 2005: Menschenrechte in Deutschland: Wissen, Einstellungen und Handlungsbereitschaft; in: Landeszentrale für politische Bildung Baden-Württemberg (Hrsg.) 2005: der Bürger im Staat, 55. Jahrgang, Heft 1/2 2005, Stuttgart, S. 57- 61

Spieß, Katharina 2004: Frei von Furcht und Not. Die Menschenrechte sind unteilbar. Kritiker halten aber die wirtschaftlichen, sozialen und kulturellen Rechte für nicht durchsetzbar; in: ai-Journal 7/2004, S. 12-13

Stern, Carola (Hrsg.) 1982: Wer schweigt, wird mitschuldig, Frankfurt am Main

Stern, Carola 18.08.1972: Brief an Hans-Peter Feldmann, unveröffentlichtes Dokument

Stern-Magazin 18.05.2004: Drei Viertel der Deutschen sind dagegen, Terrorverdächtige zu foltern. Online im Internet. URL: http://www.presseportal.de/story.htx?nr=557657

Stiftung Menschenrechte 02.08.2006: Satzung. Online im Internet. URL: http://www.stiftung-menschenrechte.de/satzung/html

Streeck, Nina 2006: Kann mal einer amnesty helfen, bitte; in: Die Weltwoche, Ausgabe 01/06, Zürich

Stickler, Armin 2005: Nichtregierungsorganisationen, soziale Bewegungen und Global Governance, Bielefeld

Take, Ingo 2002: NGOs im Wandel. Von der Graswurzel auf das diplomatische Parkett, Wiesbaden

Thiel, Reinold E. 2001: Die Legitimation der Zivilgesellschaft; in: E+Z-Entwicklung und Zusammenarbeit, Nr. 12, S. 347

Van der Veen-Wahabzada, Alma 2001: Öffentlichkeitsarbeit bei ai- Herausforderungen und Perspektiven; in: amnesty international (Hrsg.) 2001: 40 Jahre für die Menschenrechte, Neuwied und Kriftel, S. 236-245

Walk, Heike; Brunnengräber, Achim 2000: Die Globalisierungswächter. NGOs und ihre transnationalen Netzwerke im Konfliktfeld Klima, Münster

Walzer, Michael 1995: Was heißt zivile Gesellschaft?; in: van den Brink, Bert; van Reijen, Willem (Hrsg.): Bürgergesellschaft, Recht und Demokratie, Frankfurt am Main, S. 44-70

Zyber, Kerstin 2003: Stiftung Menschenrechte: Großer Schritt für ai; in: ai Journal, Juli 2003, S. 25

Andere Quellen

amnesty international, Pressestelle (27.05.2006) Re: Pressearbeit bei ai. (E-Mail)

Bundesministerium des Innern: (17.07.2006) Re: Menschenrechtliche Ausbildungsprogramme für Angehörige der Bundespolizei. (E-Mail)

Interview mit Anja Mihr am 18.05.2006

Interview mit Volkmar Deile am 22.05.2006

Interview mit Christoph Strässer am 12.05.2006

Interview mit Hugh Williamson am 19.05.2006

Streitkräfteamt, Bürgeranfragen (24.05.2006). Re: Antwort Menschenrechte. (E-Mail)

Abkürzungsverzeichnis

AA	Auswärtiges Amt
ai	amnesty international
AO	Abgabenordnung der Bundesrepublik Deutschland
BMI	Bundesministerium des Innern
BMJ	Bundesministerium der Justiz
BRD	Bundesrepublik Deutschland
DFB	Deutscher Fußballbund
DFG	Deutsche Forschungsgemeinschaft
DPA	Deutsche Presse Agentur
DSW	Deutsches Studentenwerk
EKD	Evangelische Kirche in Deutschland
FK	Fachkommission (bei amnesty international)
FR	Frankfurter Rundschau
GG	Grundgesetz der Bundesrepublik Deutschland
ICM	International Country Meeting der nationalen Sektionen von amnesty international
JV	Jahresversammlung
OECD	Organisation for Economic Co-operation and Development
SZ	Süddeutsche Zeitung
UPI	United Press International

8. Abbildungsverzeichnis

Zeitfracht Medien GmbH
Ferdinand-Jühlke-Straße 7
99095 Erfurt, Deutschland
produktsicherheit@kolibri360.de